다시 백척간두에 서서

다시 백척간두에 서서

황대권 지음

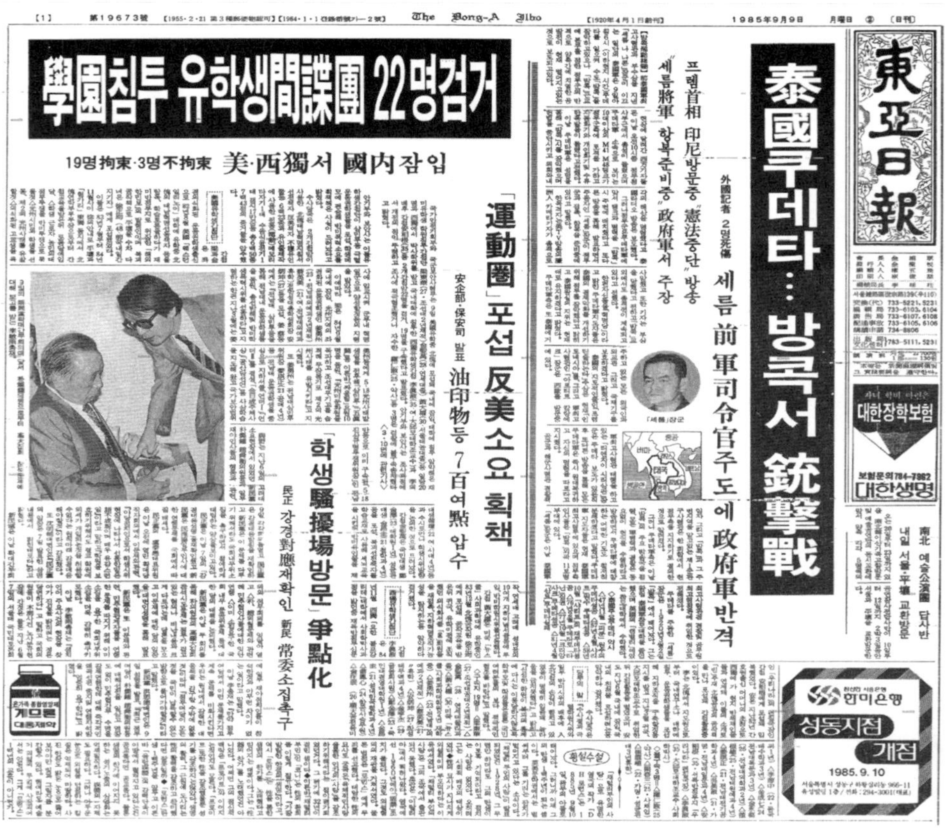

1985년 9월 9일자 《동아일보》 1면에 "학원 침투 유학생 간첩단 22명 검거"라는 기사를 대서특필하고 2, 3, 10면 등에 관련 기사를 실었다. 2면에 "'유학생 간첩' 사건 발표"라는 제목의 사설, 3면에 "민주화 위장 좌경의식 기도"라는 해설기사를 싣고, 10면에는 "미·서독 유학생 간첩단 사건 개인별 범죄 사실"이라는 제목 아래 개인별 범죄 혐의 내용과 얼굴 사진까지 보도했다. 이날 거의 모든 신문이 《동아일보》와 같은 기사를 게재했으나 무죄 선고를 받은 2020년 2월 14일, 《동아》, 《조선》, 《중앙》 어디에도 이와 관련한 기사는 없었다.

(위쪽) 1988년 안동교도소에서 작성한 고문 수기 **(왼쪽)** 1930년대 초에 운영했던 '올' 독서회 사진(안기부 수사 파일에서) **(오른쪽)** 1988년 12월 11일자 《평화신문》에 게재된 고문 수기 전문.

황대권을 비롯해 장기수 8명 '고문 헌법소원' 각하 결정 기사 (한겨레신문, 1996. 3. 28)

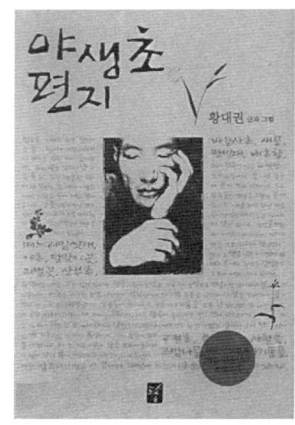

(왼쪽) 1990년대 초 옥중 서신을 모아 발간한 최초의 저서 『백척간두에 서서』. 고은 시인이 서문을 쓰고, 판화가 이철수가 표지를 그렸다. **(가운데)** 국제앰네스티(Amnesty International) 40주년 기념 달력 1월 모델(2001) **(오른쪽)** 2002년 10월 발간된 『야생초 편지』 초판 표지.

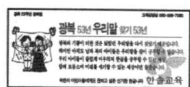

한겨레
THE HANKYOREH
1998년 8월 15일 토요일 제3272호 6판

"특사 평양보낼 용의"
김대통령 8·15 경축사…장차관급 상설기구 제의

'제2건국' 선언

정부수립 50돌 특집 안내
- 손호철·브루스 커밍스 대담 5면
- 위대한 인물 10인, 걸물들 10인 6면
- 급변하는 통일환경 7면
- 10대 의혹사건·광주학살 8면

내일까지 큰비
서울 금천 170mm 넘게 내려

7007명 광복절 사면·복권
박노해씨등 공안사범 103명 포함…2174명 석방

김대통령 "국민화합 계기되길"

풀려날을 앞았는데…
8·15사면으로 석방되는 김성만씨의 어머니 최인화(왼쪽)씨와 황대권씨 어머니 정동회씨(오른쪽)가 14일 서울 민가협 사무실에서 사면대상에서 제외된 강용주(구미유학생간첩단 사건)씨의 어머니 조순선씨(가운데)를 위로하고 있다.

총리인준안 17일 처리
3당총무 원구성 합의…국회 6개월만에 정상화

의보 진료지역 제한없애
행정규제 1974건 올해만 폐지

내일 신문 쉽니다

Life is Peace
황대권의
with 쓰지 신이치

(위쪽) 8.15 사면으로 석방되는 김성만의 어머니 최인화 씨(왼쪽)와 황대권의 어머니 정동회 씨(오른쪽)가 서울 민가협 사무실에서 사면 대상에서 제외된 강용주(구미유학생간첩단 사건)의 어머니 조순선 씨(가운데)를 위로하고 있다 (한겨레신문, 1998. 8. 15)

일시 : 2013년 10월 1일 19시 ~ 21시
장소 : 광화문 인디스페이스
참가비 : 3,000원
문의 : 여성환경연대 02 722 7944

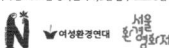

(왼쪽) 슬로 라이프(Slow Life) 운동의 창시자인 일본의 쓰지 신이치 교수가 저자 황대권을 주인공으로 해서 만든 다큐 영화 〈라이프 이즈 피스(Life is Peace)〉 서울 상영회 포스터. 이 다큐 영화는 신이치 교수가 만들고 있는 '아시아의 생태 사상가' 연작 가운데 하나이다.

국제앰네스티(Amnesty International) 편지쓰기 캠페인

함세웅 신부님 추천사

황대권 선생은 1985년 전두환 독재의 안기부가 조작한 구미유학생간첩단 사건으로 억울하게 13년 2개월을 감옥에서 살았고, 지난 2월 14일 35년 만에 무죄를 선고받았습니다. 2월 14일! 이날은 일제의 여순(旅順) 관동법원에서 110년 전 안중근 의사께서 사형선고를 받으신 날입니다. 그러나 이날은 침략국 일본을 한국 청년 안중근이 이긴 날이라고 한 영국 기자는 기술했습니다. 이러한 뜻에서 이날은 황대권 선생이 승리한 은총의 날이기도 합니다. 황대권 선생은 2019년 12월 20일에 있었던 결심공판의 최후진술을 다음과 같이 자신의 SNS에 올렸습니다.

최후진술을 하라는 재판장에게 "혹시 재판장 님께서는 인터넷에서 제 이름 '황대권'을 검색해보신 적이 있습니까?" 재판장이 없다고 하자 자신이 "감옥에서 쓴 편지글을 엮어 『야생초 편지』라는 책을 낸 저자"라고 밝히자 재판장은 "나도 그 책 읽었는데"라며 깜짝 놀랐다고 합니다. 이어 "제 책이 나오자마자 그해에 중앙의 5대 일간지가 모두 '올해의 책'으로 선정했고 책은 100만 부 이상 팔렸습니다. 그때 이후로 지난 20년간 전국을 돌며 수백 회의 강연을 했는데 그 중에는 이 나라의 공무원들을 상대로 한 강연도 많았습니다. 세상 사람들은 황대권의 책을 권장하며 따라 배우자고 하는데 저는 여전히 신분이 간첩으로 되어 있습니다. 이게 말이 되는 상황이라고 생각하십니까?"라며 그는 준비한 최후진술을 읽었습니다.

'간첩', 이 무섭고 저주스러운 단어를 우리 공동체는 늘 마주하고 그렇게 만들어진 간첩들을 우리는 또 수시로 만나고 있습니다. 그러나 그분들은 모두 선량한 시민, 민족애와 공동체 정신이 투철한 훌륭한 선각자들입니다. 제가 만난 수많은 분들이 20대에 간첩이 되어 이제 모두 노년을 맞아 생을 마무리해야 하는 연세들이 되셨습니다. 오랜 시간을 참고 버텨 무죄를 받아 그나마 간첩이라는 오명은 벗었지만 지난 35년을 간첩으로 살아야 했던 황대권 선생의 과정은 여전히 우리 공동체 안에 큰 상처와 고통의 역사로 남아 있습니다.

1985년 9월 9일자 《동아일보》는 1면에 "학원 침투 유학생 간첩단 22명 검거"라는 기사를 대서특필하고 2, 3, 10면 등에 관련 기사를 실었습니다. 2면에 "'유학생 간첩' 사건 발표"라는 제목의 사설, 3면에 "민주화 위장 좌경의식 기도"라는 해설기사를 싣고, 10면에는 "미·서독 유학생 간첩단 사건 개인별 범죄 사실"이라는 제목 아래 개인별 범죄 혐의 내용과 얼굴 사진까지 보도했습니다. 그날 거의 모든 신문이 《동아일보》와 같은 기사를 게재했습니다. 그러나 무죄 선고를 받은 2020년 2월 14일, 《동아》, 《조선》, 《중앙》 어디에도 이와 관련한 기사는 없었습니다. 수구언론의 반민주적이며 반역사적이고 반민족적인 현 주소입니다.

1919년 3·1혁명으로 우리는 '민주공화국'을 선포했고 해방 이후 선열들의 뜻을 실현하기 위해 부단히 노력해왔습니다. 용공과 좌익, 간첩을 만드는 독재 권력에 맞서 4·19혁명, 5·18민주항쟁, 6·10민주항쟁, 마침내 2017년 촛불혁명으로 민중의 시대를 새롭게 열었습니다. 민주, 민족, 통일을 향한 새로운 시대, 새 역사가 시작된 것입니다. 황대권 선생의 지난 35년의 고통에 대한 보상과 결심공판에서 재판장이 지난날 그릇된 판결을 사죄하면서 "이 판결로 작은 희망이 되기를 바란다"라고 고백한 것은 우리 공동체 구성원 모두가 함께 실현하고 이룩해야 할 우리의 미래입니다. 자신의 상처와 마주하며 이 책을 쓴 황대권 선생의 용기에 저는 형언할 수 없는 아픔과 함께 경외감을 느끼며, 시대적 모순과 현실에 대해 더 큰 신앙적 성찰과 반성을 합니다.

십자가상 예수님의 "하느님, 하느님, 어째서 저를 버리셨습니까?"(마태 27, 46)라는 절규를 새롭게 묵상하며 기도합니다. 그리스도교는 사랑과 용서의 종교입니다. 사실 많은 신앙인들의 삶은 아름답습니다. 그런데 여기에는 함정도 있습니다. 성경은 분명히 상선벌악(賞善罰惡)을 선포하고 이것이 핵심 주제임에도 불구하고, 벌악을 놓치고 때로는 의도적으로 외면하고 있습니다. 사후의 벌이 아닌 바로 지금, 이 현실의 불의와 악에 대해 공정과 정의로 꾸짖고 심판해야 합니다. 다니엘 예언자는 죄를 조작한 거짓 원로들을 공개재판을 통해 단죄하고 율법과 정의에 따라 처형했습니다.(다니, 13, 50-62) 그런데 그리스도교 신학과 신심은 예수님의 십자가 구원을 고백하면서도 예수님을 살해한 로마 총독 빌라도와 유다 종교 지도자들, 곧 가해자들의 범죄는 애써 외면하고 있습니다. 이 외면이 역설적으로 어처구니없게도 나치 히틀러를 배출했습니다. 당시 침묵했던 서구 그리스도 교회는 어떤 의미에서 히틀러의 유대인 학살을 방조한 공범자이기도 했습니다. 이에 제2차 세계대전 이후 유럽의 그리스도교는 이 점을 깊이 성찰해 십자가 신학, 하느님 죽음의 신학, 희망의 신학, 정치 신학 등의 이론을 전개하고 남미에서는 해방신학을 태동했습니다. 그렇습니다. 그리스도교는 사랑의 종교이지만 동시에 정의의 종교입니다. 때문에 불의와 범죄에 대해서 끝까지 책임을 묻고 응징해야 합니다. 하느님은 바로 억울하게 고통받은 이들과 함께 하시고 언제나 연민과 공감을 갖고 계시는 분입니다. 그러나 하느님은 또한 억압자들과 가해자들을 무섭게 내려치시는 정의의 심판주이십니다.

저는 이 기회에 1984년 유엔이 승인하고 1987년 6월 26일 발효한 고문방지 협약을 상기하고자 합니다. 우리나라는 1995년 2월 국회가 동의해 이 협약에 가입했습니다. 그 핵심은 고문기관과 가해자에 대해 시효 없이 적절한 형벌로 처벌해야 한다는 것입니다. 이것이 바로 인권과 법과 역사를 바로 세우는 일입니다. 왜냐하면 피해자의 치유는 가해자의 처벌을 통해서만 가능하고, 가해자의 처벌을 통해서만 고문 등 비인도적 반인륜적 범죄, 취약한 분들의 인권침해를 방지할 수 있기 때문입니다. 나아가 국가폭력을 자행한 정부와 기관과 당사자들은 고문 피해자들에 대해 물질적, 정신적, 육체적, 그리고 심리적으로 마땅히 크게 보상하고 배상해야 함을 강조하고 있습니다. 물질적 보상과 배상이 피해자들을 위해서는 한없이 부족하지만 그러함에도 불구하고 그 보상이 상징적으로 치유의 한 방법이기 때문입니다.

이 기회에 고문 피해자들을 위한 배상금을 삭감하고 이미 수령했던 보상금을 환수한 대법원의 판결 조치는 고문 피해자들에게 가한 제2의 국가폭력임을 지적하며 잘못된 판결을 바로잡도록 촉구합니다. 피해자들을 위한 보상과 가해자들에 대한 적절한 처벌은 바로 정의의 원리이며 가해자들을 정화시켜 그들이 새 삶을 살도록 하는 인간화와 시대의 명령입니다. 정의로운 공동체 실현을 위해서 함께 다짐하며 기도합니다. 고맙습니다.

―함세웅(천주교정의구현전국사제단 고문)

임진철 이사장님 추천사

황대권! 그는 나로 하여금 눈물을 쏟아내게 한 사나이다. 1990년대 초 그의 옥중서신을 모은 책 『백척간두에 서서―공동체 시대를 위한 명상』이 출간되었다. 이 책을 읽는 내내 나는 빛깔이 다른 두 줄기의 눈물을 삼켰다.

한 줄기 눈물은 동시대의 문제의식을 가지고 고민하며 살아가던 나를 비롯한 많은 젊은이들을 대신해서 겪는 그 모진 고문의 고통과 처연한 슬픔이 느껴지며 흘러내리는 미안함의 눈물이었다. 다른 한 줄기 눈물은 감사함의 눈물이었다. 그는 생과 사의 갈림길이 드리워진 감옥에서 백척간두에 선 심정으로 당대 한국 변혁운동의 나아갈 길을 궁구해낸 것이다. 그는 당시로서는 전환의 화두인 '녹색대안과 공동체운동의 길'을 제시했다. 나는 그 책의 독자로 만난 이래 함께 '녹색대안과 공동체운동의 길'을 탐구해오고 있으며, 또 그와 함께 '한국생태마을공동체네트워크(KECN)'의 공동대표로 일하고 있다.

황대권은 새롭게 펴내는 이 책에서 구미유학생간첩단 사건으로 잡혀들어가 고문당하고 13년 2개월이나 징역살이한 경험을 기록하며, 그간 한국현대사의 민낯과 어두운 그늘을 고발하고 있다. 해방 후 이승만, 박정희, 전두환, 노태우로 이어지는 우익 파시스트 정권 50여 년의 한국현대사가 빨갱이 타령과 빨갱이 사냥의 역사였음을 말이다.

그는 북한에서도 똑같은 일이 이름만 바꾸어서 자행되어왔음을 아프게 이야기하고 있다. "그쪽에서는 미제의 앞잡이, 자본주의 첩자, 남녘 괴뢰도당의 끄나풀 등의 이름으로 무수한 인명들이 스러져갔다. 남과 북은 제국주의가 세계를 분할 지배하던 시절에 태어난 '일란성 쌍둥이'이다." 이 세상 어디에다 하소연할 데도 없는, 천지신명 님께나 하소연할 수밖에 없는 분단체제의 비극이다.

그러나 기적이 일어났다. 2016년 촛불시민혁명은 한국정치사에 더 이상 빨갱이 타령과 빨갱이 사냥이 통하지 않는다는 것을 확실히 보여주었다. 촛불시민혁명은 단 한 건의 폭력사건이나 희생자 없이 오로지 평화시위로 정권을 교체하는 기적을 연출했다. 황대권은 이 장면을 "100만이 넘는 인파가 밤늦게까지 시위를 하고 난 뒤 휴지 한 장 없는 길거리 모습을 보는 것은 정녕 마법이었다"라고 표현했다. 그야말로 세계정치사에 그 유례가 없는 시민혁명의 새로운 장을 열어 보여주었다고 했다.

그리고 이어서 여기까지 온갖 역경을 딛고 새 역사를 창조해왔고, 앞으로도 해나갈 한국의 인민들에게 다음 같은 '대한민국 찬가'를 부르며 책을 갈무리하고 있다. "전쟁의 폐허를 딛고 단기간에 경제기적을 이룬 나라, 혹독한 파시즘 지배를 딛고 민주화를 달성한 나라, 축제 같은 평화시위로 무능한 정권을 끝장낸 나라, 게다가 최근 코로나바이러스를 모범적으로 잘 방어하여 세계의 화제가 되고 있는 나라 코리아(Korea)는 바야흐로 세계인들에게 '원더랜드(Wonder Land)'처럼 비치고 있는 나라"라고…. 그러나 촛불시민혁명은 아직 완성되지 않았고 현재진행형이라 생각한다. 나를 비롯해 동시대를 살아오며 문제의식을 공유해왔던 사람들은 우리 대신 희생양이 되었던 황대권에게 부채의식을 가지고 있다. 왜냐하면 불운의 여신이 나를 비롯해 그 어느 누구라도 점찍었으면, 황대권이 아니라 내가 조작간첩이 될 수 있는 모골이 송연한 그런 시대를 살아왔기 때문이다.

황대권의 말대로 정치적 민주화운동을 통하여 파시즘 체제는 종식되었다. 그러나 우리는 청년, 노인 자살률 세계 1위인 10 : 90의 극심한 양극화사회인 헬조선 신양반제 사회를 살아가고 있다. 이제 기본소득제 등 경제민주화 운동을 통하여 40 : 60의 자유안정성 공평사회로 전환시켜야 하는 과제를 안고 있다. 동시에 평화로운 한반도를 건설하여 제국주의가 분할 지배하는 그 지긋지긋한 분단체제를 종식시켜야 할 역사적 임무 또한 막중하다. 그리고 우리가 알게 모르게 영위하며 만들어왔던 무한경쟁 자원수탈 문명과 각자도생 모래알 사회를 포스트코로나 체제에 걸맞게 사회적 우정이 깃든 자원순환 기반 초록문명 생명사회를 건설해야 하는 과제도 안고 있다. 이러한 과제들은 초록문명 전환과 생태마을공동체

운동, 네오직접민주주의 민회 & 시민정치 운동, 그리고 주민자치 마을공화국 운동 등에 의해 실현되어질 것이다.

앞서 말한 여러 운동들은 그가 백척간두에서 던진 전환의 화두 '녹색대안과 공동체운동의 길'의 계승과 발전의 연속선상에 있다. 현재 이러한 운동들은 엄동설한 풍찬노숙의 길을 거쳐 이제 겨우 꽃을 피우려고 날갯짓을 하고 있다. 어렵지만 반드시 그 꽃을 활짝 피울 것이다. 왜냐하면 그리해야 우리는 황대권에게 빚진 자의 의식을 훨훨 털어버리고 진정한 대동춤을 출 수 있을 것이기 때문이다.
―임진철(청미래재단 이사장, 한국생태마을공동체네트워크 공동대표)

김민웅 교수님 추천사

인간을 사냥감으로 만들어야 직성이 풀렸던 시대, 그걸 온몸으로 감당한 청년. 짐승의 시간을 겪는 내내 그는 비로소 말로만 들었던 어둠의 심연(深淵)과 마주친다. '만들어진 간첩'은 교수대에 끌려 올라간 한 마리 무력한 희생제물이 된다. 하지만 이야기는 여기서 멈추지 않는다. 숨이 끊어질 것만 같은 고통은 그의 정신의 힘줄까지는 끊어내지 못했다. 35년의 세월이 지난 뒤 우리가 마주하는 황대권, 그는 야만의 시대를 증언하고 역사의 심장을 일깨운다.『야생초 편지』에 이어 세상에 보내는 그의 또 다른 편지, 읽고 나면 저무는 하늘에 새벽을 미리 본다.
―김민웅(경희대 미래문명원 교수)

박두규 시인님 추천사

이 책의 저자 황대권은 『야생초 편지』를 필두로 여러 권의 책을 낸 베스트셀러 작가로 널리 알려져 있다. 그리고 사람들은 그를 생태환경운동가, 탈핵운동가, 마을공동체를 꿈꾸는 생명평화운동가, 명상가 등 다양하게 호명한다. 이러한 명칭들은 당연히 그가 살아온 삶의 궤적으로부터 온 것이지만, 어쩌면 이 호칭들은 그의 삶의 가장 중요한 부분을 비껴갔다고 말할 수도 있다. 왜냐하면 그는 2020년 2월 14일 이전까지는 줄곧 간첩이었기 때문이다. 그는 올해 재심청구 6년 만에 무죄판결을 얻어내어 겨우 '간첩'이라는 딱지를 떼어냈다. 35년 만에 얻은 무죄였다. 그러고 나서 그가 맨 처음 한 일이 바로 이 책을 펴낸 것이다. 오죽했을까. 스스로의 인생에서 가장 혹독했던 안기부 지하실에서의 60일을 꺼낸 것이다. 그는 이 책에서 존엄하다는 한 인간이 속수무책으로 파괴되고 유린되는 모습을 생생하게 보여준다. 그리고 아직까지 사회 전반과 국민의 내면 정서에 깊게 스며 있는 레드 콤플렉스와 그 반공 이데올로기가 만들어낸 폭력적인 반공프레임이 우리 사회에 어떤 모습으로 현재까지 진화하였는지를 말하고 있다. 누구보다도 따뜻한 마음을 가진 섬세한 감성의 소유자가 쓴 '빨갱이' 이야기다.

― 박두규(시인)

이병호 사장님 추천사

황대권 형… 야만적 국가폭력에 의해 간첩으로 조작되어 인생의 황금기를 감옥에서 보냈다. 감옥에서의 사색의 기록인 『야생초 편지』 출간 이후 홀연 산에 들어가 공동체를 연구하고 생명평화, 생태와 적정기술, 대안적 삶을 모색하고 실천하던 그가 힘겹게 아픈 기억을 소환했다. 35년 만의 재심 무죄판결이 60일간의 안기부 지하실 용공조작 고문기억을 부른 것이다. 무고한 인간의 영혼과 육신을 송두리째 파괴한 국가폭력, 그 본질은 무엇인가? 그들은 왜, 무엇을 위해 이런 비인간적 폭력을 불사했는가? 이 책은 일제와 해방, 군사독재와 촛불혁명을 오가며 정치, 사회, 역사, 인간심리를 넘나드는 치열한 탐구와 깊은 사색으로 이어진다. 미안하고 안쓰러운 마음으로 읽는 내내 그의 자유롭고 품격 있는 인간과 문명에 대한 그리움, 생명과 평화에 대한 열망이 가슴을 멍하게 한다.

― 이병호(한국농수산물유통공사 사장)

조헌정 목사님 추천사

빚진 자의 심정으로 글을 읽으며 몇 번이나 몸을 부르르 떨어야만 했다. 코로나 방역 선진국을 넘어 세계 평화를 이끄는 민주주의 선진국이 되기 위해 우리는 이 책에 기록되어 있는 부끄러운 과거와 마주해야 한다. 왜냐하면 '야만의 시대'는 아직도 진행 중이기 때문이다.

― 조헌정(향린교회 전 담임 목사)

황선엽 사관님 추천사

"무죄로 재심 판결이 났어"―황대권의 전화 속 목소리는 담담했지만 고단했던 그의 인생 35년의 파란만장한 순간들이 파편처럼 날라왔다. 유학에서 돌아와 내가 구세군 사관으로 서품받던 해인 1985년, 그는 미국 유학 중 일시 귀국길에 올랐다가 간첩으로 조작되어 투옥되었다. 그리고 내가 영국 구세군으로 파송되어 근무를 시작하던 그해에 그는 13년 만에 가석방되어 영국에서 생태학을 공부하게 되었다. 이제 내가 은퇴를 앞둔 지금 그는 평생을 고통스럽게 했던 가시 면류관을 비로소 벗을 수 있게 되었다. 동시대를 같이 살아온 친구로서 마음의 빚을 안고 있었는데 이 책을 읽으며 조금씩 내려놓을 수 있는 길이 보이는 것 같아 기쁘다.

─ 황선엽(구세군 사관)

"The prohibition of torture is absolute under all circumstances."
―António Guterres, UN Secretary-General's Message for 2019

"고문 금지는 어떤 상황에서도 절대적인 것이다."
―안토니오 구테헤스 유엔 사무총장의 2019년 메시지에서

유엔은 1984년 12월에 '고문방지협약'에 서명하였으며, 이 협약은 1987년 6월 26일을 기해 공식 발효되었다. 그러다가 1997년 12월 12일 유엔총회에서 공식적으로 6월 26일을 '고문 생존자 지원의 날 (International Day in Support of Victims of Torture)'로 지정하였다.

대한민국은 1994년 12월 15일 국회의 비준 동의를 거쳐 1995년 2월 8일 공식 발효되었다. 국내에서는 매년 6월 26일에 인권의학연구소, 김근태기념치유센터, 진실의 힘, 광주 트라우마센터 등 인권 관련 단체들이 다양한 기념행사를 열고 있다.

프롤로그

"사건 기록을 살피면서 여러분의 고초를 간접적으로나마 경험하며 참으로 안타까운 심정이었습니다. 그릇된 판결로 인해 고통을 당하신 당사자와 주변 분들에게 죄송하게 생각합니다. 저희가 말할 자격이 있는지 모르겠지만 법원과 재판에 대해 느꼈던 절망과 좌절이 이 판결로 작은 희망이 되기를 바랍니다."

2020년 2월 14일 오후 2시 35분, 서울 서초동 서울중앙지법 320호 법정 형사 33부 재판부의 재판장 손동환 판사가 무죄 취지의 판결문을 낭독하고 던진 마무리 인사말이다. 1985년 6월 4일 새벽에 영문도 모른 채 안기부(국가안전기획부, 현 국정원)에 붙들려가 갖은 고문 끝에 간첩으로 조작되어 무기징역을 선고받은 지 무려 35년 만이다. 나이 서른에 감옥에 들어가 13년 2개월을 꼬박 독방에 앉아 있다가 나오니 세상은 이미 내가 알고 있던 세상이 아니었다. 어차피 나같이 '빨갱이 딱지' 붙은 사람을 반겨 줄 곳은 없을 테고, 내가 태어나서 자란 서울이래 봐야 직장이 없으면 지루하기 짝이 없어 무작정 시골로 내려갔다. 마침 선친께서 전라도 영광 산속에 당신 묫자리로 쓰시겠다며 사둔 땅이 있어 감옥에 있을 때부터 벼르던 농부의 꿈을 이루고자 했다. 고즈넉한 산속에서 농사짓는 즐거움이야 이루 말할 수 없이 좋았지만, 몸에 밴 사회운동을 외면할 수 없어 하나둘 관여하다보니 제대로 된 농사꾼은 될 수 없었다.

타고난 팔자가 사나운 건지 하필 귀농한 지역에 핵발전소가 6기나 있었다. 10년 가까이 잘 피해 다니다가 2011년 후쿠시마 핵발전소 폭발사고를 계기로 지역 탈핵 단체의 대표를 맡게 되어 지역주민들과 함께 '으쌰으쌰' 하다보니 어느덧 영광 사람이 다 된 자신을 발견하게 된다. 하지만 지역주민에게 나 황대권은 가까이 하기에도 멀리하기에도 '거시기'한 존재였던 것 같다. 멀리 할 수 없는 것은 내가 지역 최대 현안인 핵관련 단체의 대표이기 때문이고, 가까이할 수 없는 것은 내가 전직 '간첩'이기 때문이다. 오래전부터 재심을 통해 '간첩' 타이틀을 떼어버리고 싶었으나 여전히 우리 사회의 반공 알레르기가 심해 엄두를 내지 못하였다. 그런 죄를 저지르지 않았음에도 한번 찍힌 낙인은 좀처럼 지워지지 않았다. 죄가 문제가 아니라 사람들의 인식에 변화가 오기를 기다렸다.

2014년 세월호 사건에 이은 촛불집회를 보며 우리 사회에 무언가 새로운 변화의 기운이 느껴져 재심 준비에 들어갔다. 친한 후배가 '법무법인 덕수'의 이석태 변호사를 소개해주어 1년 가까이 부지런히 서울을 오가며 재심 준비를 했다. 한번 올라가면 이틀이 깨지는 힘든 일정이었지만 변호사 님의 성실함과 격려에 힘입어 고된 줄 모르고 준비를 했다. 내일이면 서류가 완료되어 재심 신청을 하는 것으로 알고 있었는데, 뜬금없이 이 변호사가 '세월호 참사 특별조사위원회' 위원장으로 발탁되었다고 뉴스에 떴다. 위원장은 준공무원이라 변호사 일을 할 수 없어 어쩔 수 없이 위원장 임기가 끝날 때까지 기다려야 했다. 그런데 임기가 끝나더니 이번엔 이 변호사가 '헌법재판관'으로 임명되었다. 더 이상 지체할 수가 없어 같은 법인의 김형태 변호사가 사건을 대신 맡게 되었다. 그러나 재판은 난항에 난항을 거듭했다. 먼저 검사가 안기부에서 작성한 진술서와 반성문 등을 들고 꼬치꼬치 캐묻는데 마치 80년대 공안검사가 다시 나타났나 의심이 들 지경이었다. 하긴 워낙에 증거라고는 없으니 그럴 수밖에 없었다손 치더라도 증거자료로 쓸 수 없는 것을 가지고 죄를 증명하려는 것은 도저히 받아들일 수 없었다. 판사 역시 검사의 그런 태도를 아무 문제가 없는 것처럼 재판을 이어가고 있었다. 고심 끝에 '재판부 기피신청'을 했다. 우려했던 대로 기각되었다. 연거푸 세 번 신청한 재판부 기피신청이 기각되는 동안 법원 인사이동에 걸려 재판부가 바뀌었다. 어떻게 보면 운이 좋았다고 볼 수 있다. 새로 재심을 맡게 된 손동환 판사는 속전속결로 재판을 진행했다. 이미 여러 차례 공판을 하여 정리가 다 된 사건을 질질 끌 이유가 없었다. 그러고는 마침내 무죄판결. 재심을 준비한 지 무려 5년 만이다. 이 자리를 빌려 공정한 판결을 내려주신 손동환 판사, 그리고 성심을 다해 변호를 해주신 김형태 변호사와 김진영 변호사께 감사드린다.

무죄판결을 받자마자 오래전에 마음먹었던 집필에 들어갔다. 어떡하든 내가 겪은 이 끔찍한 국가폭력의 실상을 세상에 알리고 싶었다. 처음엔 안기부 지하실에서 겪은 60일 동안의 고문 수사 내용에 한정하려 했으나, 어차피 한 세월을 정리하는 마당에 '반공 독재'로 얼룩진 한국현대사가 어떻게 국가폭력의 제물을 만들었는지를 함께 보여주고 싶었다. 허구로 가득 찬 반공 이데올로기에 메스를 대는 것은 여전히 우리 사회의 금기이다. 속된 말로 나는 이미 '베린 몸'이다. 더 잃을 것도 두려워할 것도 없다. 나야말로 이 금기에 도전할 적임자가 아닌가 생각되어 졸필을 휘둘렀다. 터무니없는 주장으로 여겨지는 부분이 있으면 언제라도 토론에 응할 것이다. 참고로 60일 감금수사의 자세한 묘사는 고문의 기억이 생생했던 1988년에 안동교도소 독방에서 교도관 몰래 기록해두었던 것을 기초로 재구성한 것이다. 그 문서는 나중에 밀반출되어 함세웅 신부님이 발행했던 《평화신문》에 전문이 공개되었고, 또 영문으로 번역되어 엠네스티(국제사면위원회)에 보고됨으로써 양심수로 지정되는 계기가 되었다.

 나로 인해 말할 수 없는 고통을 당한 가족과 지인 여러분께 감사와 함께 죄송스런 마음을 전한다. 국가폭력의 피해자였음에도 주위 분들에게 가해자가 된 심정으로 살아온 세월이었다. 이 책의 발간을 계기로 과거를 훌훌 털어버리고 새로운 세상으로 나아갔으면 하는 마음 간절하다. 마지막으로 글 가운데 실명이 거론된 분들의 호칭을 생략한 것에 대해 양해를 구한다.

－2020년 5월 1일 노동절에
바우 황대권 모심

차례

추천사
프롤로그

1부 __ 60일

결정적 협박	037
수사의 시작	039
방북 루트를 찾아서	041
번복 그리고 무자비한 보복	045
장세동 안기부장과 대면하다	047
광란의 그날	050
하수인 만들기	053
북한 방문을 사주하다?	057
사회주의 폭력혁명론자로 몰아가기	059
쓰고 쓰고 또 쓰다	064
참고인 진술서	067

역용 공작 검토	068
낮에는 고문 수사관, 밤에는 다정한 아빠	070
안기부 지하감옥의 천국과 지옥	071
방송 출연 강요	076
가족 면회	077
모의재판	078
검사와 변호사	080
사건의 재구성	082

2부 __ 백살일비(百殺一匪) 사회

초토화 작전	091
박정희의 나라	096
인혁당재건위 사건	099
보안관찰법	104
반공 프레임	106
반공 프레임이 지속되고 있는 이유	115
한국전쟁 트라우마	118
북의 침략 기도에 대한 경각심 고취	121
정권유지 수단으로서의 반공	124
저급한 기독교인들에 의해 선교 논리로 사용	127
공포의 내면화	135

공산주의에 대한 폄훼와 왜곡	139
빨갱이=비국민	143
박정희 파시즘의 완성과 비국민 배제하기	149
이념 지도	154

3부__새 시대, 새 희망, 그리고 촛불혁명

파시즘 체제의 종식	163
그러나 우리 인민은 위대했다!	167
촛불혁명의 주체	170
촛불혁명의 의미	181

에필로그

1부
60일

결정적 협박

"황대권, 너 계속 이렇게 사실대로 말하지 않고 버티면 우리도 어쩔 수 없어. 지금 옆방에 누가 와 있는지 알아? 그 사람에게 지금 네가 겪고 있는 것을 그대로 해줄까?"

며칠째 수사가 답보 상태에 있자 수사관은 작심한 듯 새로운 협박을 시작한다. 이제 애 낳은 지 한 달밖에 안 되어 온종일 젖을 물리고 있을 아내를 데려와 심문하겠다는 것이다. 그동안 본 이들의 행태를 보아 충분히 그러고도 남을 위인들이었다. 생각만 해도 피가 거꾸로 솟는 것 같았다. 차라리 내가 고문으로 갈기갈기 찢어질지언정 나로 인해 아무것도 모르는 아내를 이곳으로 불러들일 수는 없었다. 어떻게 이 위기를 넘길지 잠시 생각에 잠겼다. 아내를 정치의 '정'자도 모르는 순진무구한 여자로, 그리고 나는 목적 달성을 위해 수단 방법을 가리지 않는 흉악한 간첩으로 몰아가는 수밖에 없었다. 그들이 원하는 바이기도 했다.

"황대권, 도대체 너 같은 혁명가가 왜 아무것도 모르는 여자와 결혼한 거냐?"

수사실에서 그들은 나를 혁명가로 불렀다. 그들의 의도와 논리는 간단하다. 내가 혁명 활동을 하다가 북한과 접촉하여 간첩이 되었다는 낡아 빠진 구도. 심지어 안기부에서 작성된 진술서 표지에도 '황대권 혁명일지'라고 적어놓았다. 20대 내내 혁명을 꿈꾸고 공부한 것은 맞지만 북한과의 관련은 기회가 있었어도 의도적으로 피했다. 다시 한국에 돌아갈 몸으로 쓸데없이 문제를 만들고 싶지 않았기 때문이다. 한 나라의 혁명은 자국 민중의 자발적 힘으로 이루어져야 한다는 것이 당시에 내가 가지고 있었던 신념이었다. 1980년 초반 한국은 전두환의 철권통치 아래 일체의 정치 행위가 금지되어 있어 모든 활동이 지하에서 이루어질 수밖에 없었다. 미국에 와서도 사방에 안기부 협력자가 깔려 있다는 전제 아래 처음 만나는 사람에게 가명을 쓰고 일체 공적인 장소에서는 사진도 찍지 않았다. 나름 조심하며 유학 공부를 했음에도 안기부에 붙잡혀 들어와 '혁명가'로 조롱받는 처지가 되고보니 수치스럽기 짝이 없었다. '아, 내가 혁명가의 삶을 제대로 살지 못하여 이렇게 조롱을 당하는구나!' 수치심에 휩싸이자 굴욕을 받아들이는 것은 그리 어렵지 않았다.

"제가 정치의 '정'자도 모르는 여자와 결혼한 것은 제 신분을 위장하려고 일부러 그리한 것입니다."

황당하기 짝이 없는 발언이지만 그 순간에 나는 아내가 안기부 지하실에 붙들려오는 것을 막기 위해 어떤 악마와도 손을 잡을 준비가 되어 있었다. 결혼한 지 10개월 된 아내와 태어난 지 한 달밖에 안 된 아기를 데리고 있는 나의 약점을 심문에 이용한 것이다. 육체적 고문은 어찌어찌 견딜 수 있지만, 혈육을 이용한 이런 식의 고문은 버틸 재간이 없었다.

그런데, 그런데… 순전히 아내를 보호하기 위해 내뱉은 거짓말이 훗날 가정파괴의 실마리가 될 줄이야. 세상과 격리된 안기부 지하실에서 수사관의 협박에 못 이겨 발설한 이 말을 재판정에서 담당 검사가 피의자 진술이라며 공개한 것이다. 말하자면 내가 간첩이라는 증거로 제출한 것인데, 당시 재판을 지켜보던 아내는 이 말을 듣고 충격을 받아 며칠 동안 식음을 전폐했다고 한다. 그 말을 진짜로 믿었다는 것이다. 대개의 공안사건의 경우 피의자 측의 자기변호는 극히 제한되어 있어 중간에 아내에게 상황을 설명해줄 기회도 갖지 못한 채 감옥살이는 마냥 흘러가버리고 말았다. 아내는 내가 투옥된 지 5년 만에 아기를 데리고 가버렸다. 남편도 없는 낯선 시댁이 견디기 힘들었겠지만 아마도 이때의 충격이 밑거름이 되지 않았나 싶다. 속아서 결혼한 남편이니 떠나는 데 주저 없었다고나 할까.

수사의 시작

1985년 6월 4일 새벽 5시. 웬 사람들이 대문을 두드리기에 잠에서 깨었다. 옆에는 전날 미국에서 같이 귀국한 아내와 생후 1개월 된 아들이 자고 있었다. 대문 앞에서 한참 실랑이를 벌이다가 문을 따주자 그들은 다짜고짜 나를 붙잡아 검은색 승용차에 처넣었다. 부모님도 옆에 계셨지만 그들이 누구이며 어디서 왔으며 나를 어디로 끌고 가는지 아무런 말도 없었다. 나는 잠옷 바람에 수갑을 차고 머리를 차 바닥에 쑤셔박힌 채 어디론가 가고 있었다. 도대체 이들이 누구이며 나를 왜 잡아가는 것일까? 아무리 생각해도 감이 잡히지 않았다. 나는 82년에 대학을 졸업하고 바로 미국으로 유학을 가 뉴욕에 있는 사회과학대학원(New School for Social Research)에서 정치학을 공부하던 중 84년 여름 한 유학생을 만나 그곳에서 결혼하였다. 정확히 10개월 뒤 아들을 낳았으나 둘이 모두 유학생이므로 공부를 마칠 때까지 잠시 어머니께 아기도 맡기고 또 타국에서 가족도 없이 결혼하였으므로 부모친척들께 인사도 드릴 겸 여름방학을 이용해 잠시 귀국했다. 그런데 귀국 하루 만에 이렇게 전격적으로 잡아가니 알다가도 모를 일이었다. 남산 안기부 지하실에 끌려가서 첫 심문을 받고서야 내가 왜 잡혀 왔는지 알게 되었다. 안기부에 도착하자마자 군복으로 갈아입혀지고 내게 할당된 수사팀 앞에서 심문이 시작되었다. 맨 첫 번 질문이 "양동화를 아느냐?"였다. 그제서야 나는 '아!' 하고 사태를 짐작하게 되었다. 실로 지난 1년 동안 거의 잊고 지냈던 사람이었기에 나는 그와의 관계를 기억해내기 위해 한동안 정신을 집중시켜야 했다. 그러나 갑자기 변한 환경과 긴장 때문에 아무런 생각이 나지 않았다.

그들은 사흘 동안 잠도 안 재우며 계속 두들겨 패기만 했다. 나중에 알게 되었지만, 안기부에 들어가면 통과의례처럼 하는 수사방법이다. 피의자를 잡아다가 처음 사흘 동안은 물도 주지 않고 잠도 못 자게 하면서 계속 두들겨 패면 백이면 백 저항할 기력을 완전히 상실한다. 겪어보니 인간이 스스로 절망감을 느끼는 데는 이 사흘이면 충분하다고 생각된다. 물도 안 먹는 완전단식을 할 때도 사흘째 되는 날이 가장 힘들다고 하지 않던가? 어찌나 입속이 말라버렸는지 혀가 입천장에 닿을 때의 느낌이 마치 돌과 돌이 부딪치는 것처럼 사각거렸다. 지금도 그때를 떠올리면 하얗게 갈라진 혓바닥이 눈앞에 그려진다.

그들은 사흘 동안 실컷 두들겨 팬 다음 종이를 한 장 던져주면서 '유서(遺書)'를 쓰라고 한다. 여기서 수사받다가 죽은 사람이 많은데 너도 그렇게 될지 모르니까 미리 써두는 게 좋을 거란다. 쓰라고 하니 쓰겠지만, 도대체 무슨 내용을 써야 한단 말인가? 정확히 기억 나진 않지만 대략 조국의 민주화와 통일을 위해 일하다가 불의의 사고로 죽게 되어 유감스러우며 부모님과 처자식에게 미안할 뿐이라고 쓴 것 같다. 죽을 각오로 수사에 임하라는 협박이라는 것을 알면서도 막상 유서를 쓴다고 하니 왠지 서글퍼지는 것은 또 뭔지….

방북 루트를 찾아서

첫 번째로 그들이 주안점을 가지고 수사를 한 것은 나의 방북 여부이다. 간첩단의 수괴가 되려면 방북이 필수였기 때문이다. 먼저 잡힌 '공범'이 스스로 방북한 사실을 밝혔기 때문에 그 친구가 형이라고 부르는 황대권은 무조건 북한을 방문했어야 한다. 그래야 전체 그림이 그들의 구상대로 그려진다. 당시 안기부는 내가 사주하여 그 친구가 북한을 방문했다고 굳게 믿고 있었다. 이미 그와 비슷한 진술을 그 친구로부터 확보해놓은 상태였다. 그런데 도대체 간 일이 있어야 뭔가 불거나 말거나 하지. 몇 날 며칠을 두들겨 패다가 성과가 없자 하루는 수사관들이 내 눈을 안대로 가리고 어딘가로 끌고 갔다. 걸음걸이의 낌새로 보아 더 지하로 내려가는 것 같았다. 수사실이 지하 1층이므로 그곳은 지하 2층일 것이다. 계단을 내려가는 느낌이 꼭 영화에서 본 중세 지하감옥으로 내려가는 돌계단처럼 으스스했다. '지금 가고 있는 곳이 지옥일까?' 암흑 속에서 오로지 발바닥의 감각만으로 더듬 더듬 내려가는 그 길의 느낌이 이후의 내 삶에 얼마나 큰 영향을 끼쳤는지 많은 세월이 흐른 뒤에야 알아차렸다. 앞이 보이지 않는 세상에 믿을 것은 오로지 '감각'뿐이란 것을…. 이윽고 어떤 방에 들어서서 안대를 풀자 욕조만 하나 달랑 달린 공간이 눈에 들어왔다. 말로만 들어왔던 물고문을 자행하려는 것 같았다.

그래도 지하 1층 수사실은 수사관들이 왔다 갔다 하고 이웃한 방에서 비명소리가 들리는 등 사람 사는 냄새가 났지만 아무것도 없는 지하 2층의 밀실에 발가벗겨진 채로 서 있자니 이승에서 저승으로 내려온 것 같았다. 그들은 나를 완전히 발가벗기고는 두 손을 뒤로 묶고 욕조 바닥에 눕혔다. 그리고는 얼굴에 물 적신 수건을 덮은 뒤 사정없이 샤워를 틀어댔다. 물이 수건을 흥건히 적시면 공기가 차단되어 숨을 쉴 수가 없다. 억지로 숨을 쉬면 코 주위의 물이 폐로 들어가 더 큰 고통에 시달린다. 내가 질식 직전의 상태에서 몸을 뒤집자 그들은 구둣발로 나의 등을 찍어 차면서 "너 같은 놈은 이러다 죽어도 별 볼일 없어. 심문 투쟁하다 죽어버렸다고 보고하면 그만이야." 하며 계속 물을 들이부었다. 그래도 나의 몸부림이 그치질 않자 이번에는 욕조에서 꺼내어 의자에 앉혀놓고 온몸을 의자와 함께 포승줄로 꽁꽁 묶었다. 꼼짝달싹할 수 없는 상태에서 의자를 젖힌 뒤 코에 물을 들이부었다. 이러기를 수차례… 나는 온몸의 힘이 빠지고 죽을 것만 같아 북에 갔다 온 사실을 고백할 테니 제발 그만하라고 애원하였다.

그들은 기진맥진해진 나를 끌고 다시 수사실로 돌아왔다. 그래도 뭔가 켕기는 게 있는지 자기들끼리 나를 데리고 지하 욕실에 내려갔다는 사실을 위에 보고하지 말라고 입단속을 한다. 잠시 쉬게 하더니 다시 종이와 볼펜을 주고 어떻게 북한을 다녀오게 되었는지 쓰라고 한다. 고문에 못 이겨 실토하겠다고는 했지만 막상 쓰려고 하니 뭘 알아야 쓰지! 내가 넋 놓고 앉아 있자 그들은 마치 내게 기억을 되살려주려는 듯 미국에서 북한으로 가는 코스를 소상하게 그려주면서 이 경로로 간 게 맞냐고 묻는다. 모든 걸 포기한 나는 그들이 가르쳐주는 대로 다 인정한다. 드디어 평양에 도착해서 좀 더 구체적으로 캐묻는데 평양 지하철에서 본 것을 말하라고 다그친다. 이미 파김치가 된 몸을 또 때려대니까 한시라도 이 상황을 종료하고 싶어 내가 알고 있는 지식을 마구잡이로 내뱉는다. 유학 당시 뉴욕 컬럼비아 대학 동아시아 도서관에서 북한 관련 서적을 꽤 들춰보았다. 평양 사진이 잔뜩 들어 있는 화보였던 것 같은데 갑자기 '황금벌'이라는 지하철역 이름이 생각났다. 지하철을 타고 황금벌역에서 내렸다고 얘기하니 쾌재를 부른다. 고문한 보람을 느끼는 것 같았다. 정치학도로서 내가 알고 있는 북한에 대한 지식과 그들이 가르쳐주는 방북 코스를 결합하여 진술서가 완성되었다. 그런데 다음 순간 정말 어처구니없는 광경을 목격하고 만다.

수사계장이란 작자가 내 방북 진술서를 들고 그 자리에서 전화기를 들었다.
"드디어 황대권이 실토했습니다. 방금 진술서를 확보했습니다."
그러자 전화기 저쪽에서 묵직한 음성이 들려왔다. 바로 옆이었기 때문에 내 두 귀로 똑똑히 들었다.
"축하하네!"

"하이고, 무슨 말씀을… 이놈이 여간 애를 먹였어야죠."
 전화기를 내려놓고 그는 큰 짐을 벗은 듯 유쾌하게 미소 지으며 오늘 하루 푹 쉬고 내일 보자며 수사실을 나갔다.

 '축하하네'라는 말은 경사스러운 일이 생겼을 때 쓰는 말인데 과연 이것이 경사로운 일인가? 하긴 수사관 처지에서 보면 충분히 그럴 만하다는 생각이 들었다. 간첩을 잡으면 1계급 특진에 각종 특별상여금에 좌우간 혜택이 많은 것으로 안다. 진짜 간첩을 잡았든 가짜 간첩을 잡았든 수사기록상 간첩을 잡았다는 사실은 동일하다. 당시 대한민국 법원은 안기부 수사관들이 작성한 수사조서를 곧이곧대로 믿고 그들이 요구하는 형량을 그대로 확정 지었다. 말하자면 법원은 안기부의 불법행위를 법의 이름으로 정당화시켜주는 기구에 불과했다. 나중에 잘못되었다고 항의해본들 소용이 없었다. 언론은 독재자 편이었고 일반 시민단체는 혹시라도 자신들에게 불똥이 튈까봐 굳이 알려고 하지도 않았다. 사정이 이러하니 방북 진술서를 확보했다는 것은 그야말로 축복 중의 축복인 것이다.

 지하에 있는 피의자 유치장에 몸을 누이고서도 도무지 잠이 안 왔다. 머릿속에서 밤새도록 '축하하네'라는 말이 동심원 그리듯 퍼져나갔다. '아, 나는 이대로 간첩이 되고 마는 걸까…?'

번복 그리고 무자비한 보복

다음 날 아침, 수사계장이 아침 회의를 마치고 수사실에 도착하자마자 나는 퀭한 눈을 부릅뜨고 단호히 말했다.

"실은 어제 고문에 못 이겨 허위자백을 했습니다. 저 진술서는 다 거짓입니다."

"뭐라고? 이 새끼가 누굴 가지고 노나? 너 죽고 싶어 환장했냐?

그날 이후 그들과 나 사이에 실로 처절하고 기나긴 고문 대치 정국이 계속되었다. 한쪽이 완전히 항복하지 않는 한 끝나지 않는…. 사실 나야 이미 죽은 목숨이니 항복이고 뭐고 없었지만, 그들은 나로부터 방북 사실을 입증하는 진술을 받아내지 못하면 위험을 무릅쓰고 자행한 모든 고문이 헛수고가 되는 것이었다.

처음부터 다시 진술서 쓰기가 시작되었다. 이번에는 방북 코스의 디테일 하나하나에 신경 쓰면서 작성해나갔다. 그렇게 신경 쓴다고 해서 없는 사실이 새로 나타나는 게 아니지만 아무튼 그들은 한 단계 밟아나갈 때마다 몽둥이 세례와 협박, 모욕주기 등을 두루 사용하면서 다시 한번 '안내된 방북 진술서'를 만들었다. 그러나 그것도 그때뿐, 다음날 기운을 차린 내가 허위자백했다고 고백하면 그들은 다시 고문하고 진술서를 작성케 하고…. 오죽하면 '혹시 내가 북한을 방문했는데 기억을 못하고 있는 게 아닐까?' 하고 자신의 기억력을 의심하기도 했다.

한번은 물고문으로 온몸의 기운을 다 빼놓고 방에 돌아와 진술서를 쓰는데 그들이 원하는 대로 문장이 나오지 않자 갑자기 발가벗겨서는 성기를 책상 위에 올려놓는 것이었다. 처음엔 그들이 내 성기를 가지고 놀면서 수치심이나 주려고 그러는 줄 알았다. 수사관은 야전침대 각목을 뽑아 들더니 책상 위에 얌전히 놓인 성기를 짓누르면서 조금씩 타격의 강도를 더해갔다.
"어때, 황대권이… 고자 만들어줄까?"
그러면서 각목을 높이 쳐들고 그대로 내려친다. 다행히 각목은 성기 바로 옆을 내려쳤지만 이놈들이 행여나 실수라도 할까봐 극도로 긴장하였다. 이런 식으로 협박을 하면서 성기 근처를 다양한 방법으로 내려치기를 수차례, 나는 그만 긴장의 줄이 툭 끊어지면서 스르르 주저앉고 말았다. 그들은 살살 터치만 했지 진짜로 내려치지 않았다고 성기 고문을 대수롭지 않게 말할지도 모르겠다. 김근태 전 의원을 고문한 이근안이란 작자가 나중에 목사가 되어 쓴 자서전을 읽어보니 김 의원이 전기고문을 받았다며 뻥을 치고 다니는데 사실 자기가 사용한 것은 생명에 아무런 지장이 없는 건전지였을 뿐이라고 강변하고 있었다.
고문의 실체는 심리적 측면이 90%를 차지한다. 신체적 고문은 심리적 항복을 받아내기 위한 수단에 불과하다. 충분히 공포 분위기를 조성해놓은 상태에서는 약간의 자극만 주어도 쉽게 무너지는 게 사람이다. 우리 몸 구조가 그렇게 생겼다. 기술자란 이런 걸 잘하는 자를 말한다. 이근안이 건전지를 써서 피의자를 굴복시켰다면 그는 정말 고문 기술자가 맞다. 그런 자가 부끄러운 줄 모르고 단지 건전지 정도를 썼기 때문에 자신의 행위가 상식을 벗어난 고문이 아니었다고 말하는 것은 그야말로 후안무치의 극치를 보여준다. 돌이켜보면 단지 성기에 타격을 가했다고 해서 실신했을 리는 없다. 누적된 피로와 공프감으로 인해 듣도 보도 못한 성기 고문을 계기로 그만 무너진 것이리라.

장세동 안기부장과 대면하다

갖은 고문을 해도 좀처럼 신뢰할 만한 진술서를 확보하지 못하자 드디어 안기부 최고책임자가 모습을 드러냈다. 당시에 우리 사건의 수사단장은 나중에 한나라당 국회의원이 된 정형근이었지만 그는 한 번도 모습을 드러내지 않았다. 어느 날 아침으로 기억된다. 그날도 열심히 진술서를 쓰고 있는데 수사실 문을 열고 몸집이 비대하고 얼굴이 마치 불독처럼 생긴 사내가 들어섰다. 그러자 수사관들이 머리를 조아리며 예를 갖춘다. 나는 첫눈에 알아보았다. 신문지면에서 익히 봐왔던 얼굴이기 때문이다. 전두환의 오른팔인 장세동 안기부장. 나중에 전두환이 곤경에 처해 감옥에도 가고 설악산 백담사에도 갔을 때 끝까지 의리를 지켜 대장부의 기개를 보여줬대서 강남 아줌마들 사이에 최고의 인기를 누렸다는 얘기를 들은 바 있지만, 당시에 내 인상은 저승사자의 그것과 다름없었다. 그는 간단한 인사조차 없이 곧바로 내게 물었다.

"황대권이… 다른 것은 말 안 해도 좋다. 한 가지만 말해라. 그러면 너 살려줄게. 네 상부선이 누구냐?"

상부선이라니? 내게 나도 모르는 상부선이 있었단 말인가? 영문을 모르고 어리둥절해 있는 내게 대고 장세동이 나직이 되물었다.
"정동성이냐? 아니면 KGB인가?"
묵묵부답으로 일관하자 장세동은 내 표정을 유심히 살펴보다가 들어올 때처럼 아무 말도 없이 그대로 나가버렸다.

나중에 들은 얘기지만 수사 중에 안기부장이 피의자 앞에 모습을 드러내는 경우는 거의 없다고 한다. 피비린내 진동하는 현장에 최고책임자가 나타났다는 것은 무언가 그들이 큰 착각을 하고 있거나 아니면 심각한 프로젝트를 진행하고 있는데 그것이 뜻대로 풀려가질 못해서일 것이다. 나중에 재심을 준비하는 과정에서 알게 된 사실인데, 그들은 그야말로 역대급 공안사건을 기획하고 있었고 그 중심에 황대권을 점찍어 놓고 있었다. 수사실도 나에게 1번 방을 지정해두었다. 안기부 측의 자료에 의하면 이 사건을 조사하기 위해 무려 173명의 수사관을 배정했다고 하니 그 규모가 어느 정도인지 짐작이 간다. 하긴 이 사건으로 실형을 산 사람만 15명이고 관련자 가운데 2명이나 자살을 했으니…. 그런데 이 사건이 누군가의 신고로 도중에 모습이 드러나게 되자 서둘러 유학생 간첩단 사건으로 포장하여 발표하게 된 것이다. 참으로 웃긴 것은 그들이 간첩단의 수괴로 점찍었던 황대권은 실로 아무것도 한 일이 없다는 것이다. 아무래도 내 팔자가 오해받는 운명을 타고난 모양이다.

안기부장이 그런 심각한 자리에서 장난이나 치려고 악명 높은 구 소련의 정보기관인 KGB를 들먹이지는 않았을 것이다. 수괴로 점찍어둔 나를 아무리 고문해도 그럴듯한 정보가 나오지 않자 그들은 내가 KGB 같은 큰 조직에서 특수훈련을 받은 스파이로 오인하고 원하는 결과를 얻어낼 때까지 끊임없이 고문을 해대었다. 사건이 종료되고 징역까지 다 살고 나왔어도 당시의 수사관들은 지금까지도 나를 의심하고 있을 것이다. 그 정도로 그들의 관심과 욕망은 컸다. 관심은 공산주의로부터 대한민국을 지켜내자는 충정이고, 욕망은 큰 것 하나를 터트려 일거에 영웅이 되고 싶은 심정이다. 그러나 분명히 말하지만 그들은 잘못 짚었고 큰 실수를 저지른 것이다. 황대권은 그들의 그릇된 충정과 욕망의 희생자에 불과하다.

장세동 안기부장이 언급한 정동성은 누구인가? 그는 나의 외삼촌이다. 외삼촌은 4·19혁명 당시 경희대 총학생회장으로 학생봉기의 주역이었으나 나중에 박정희가 만든 민주공화당에 들어간 이후 줄곧 집권당의 중견 정치인으로 활약하면서 체육부 장관과 4선 국회의원을 지냈다. 그러나 국회의원 5선 도전에 실패하자 미련 없이 정계를 은퇴하고 교육사업에 전념한다.

외삼촌은 전두환이 민정당 총재일 때 비서실장과 원내총무를 지냈을 정도로 신군부와 친하게 지냈다. 장세동과는 민정당의 실세로 친구 사이다. 장세동이 안기부장을 할 때 외삼촌은 민정당 국회의원이었는데 그가 자신의 친구를 나의 상부선으로 지목했다는 것은 권력 내부의 암투가 얼마나 치열했는지를 알 수 있다. 외삼촌은 내가 13년 2개월을 복역하고 사회로 복귀한 다음 해에 췌장암으로 돌아가셨다. 투병 중에 나를 불러 미안하다고 하시며 당시 내가 엠네스티(국제사면위원회) 초청으로 출국을 앞두고 있음을 알고 여비에 보태 쓰라며 달러가 든 봉투를 쥐어주기도 했다.

그는 내가 복역하고 있는 동안 단 한 번도 면회나 편지 등을 한 적이 없다. 정권의 실세로 있었기 때문에 혹시라도 의심받을까봐 삼가지 않았나 싶다. 다만 외삼촌은 내게 1심 변호사로 전두환 고문변호사인 이양우 씨를 붙여주었지만 다 소용없었다. 세상에 이런 웃기는 짬뽕이 없다. 전두환이 집어넣은 피의자에게 전두환의 고문변호사라니! 그런데 병상의 외삼촌이 장세동이가 자신을 의심하고 있었다며 화가 난 목소리로 말하는 것이었다. 안기부 지하실에서 장세동과 나 사이에 있었던 일을 외삼촌이 어떻게 알고 있을까? 추측건대 장세동은 그 이후 은밀히 외삼촌을 내사했을 것이다.

외삼촌은 그로부터 얼마 뒤 임종하였다. 나는 장례식장을 지키고 있다가 전두환, 장세동을 비롯한 민정당의 예전 수뇌부들이 조문 온다는 소리를 듣고 일부러 자리를 피했다. 눈앞에서 그들을 봤을 경우 어떤 일이 벌어질지 나 자신도 알 수 없었다.

광란의 그날

안기부장이 수사실을 다녀간 이후 수사관들은 분기탱천하여 고문의 강도를 높여갔다. 그날도 진술서를 작성하다가 뜻대로 되질 않자 또다시 지하 욕실로 데려가려다가 성질 급한 수사계장이 갈 것 없다며 수사실에서 그냥 해버리자고 지시를 한다.

그들은 나의 두 손을 앞으로 하여 물 적신 수건으로 단단히 묶은 다음 쪼그리고 앉히더니 두 무릎을 팔 안으로 빼낸 뒤 접힌 무릎 안쪽에 각목을 꽂았다. 이른바 '비녀꽂기' 고문이다. 이렇게 해서 허공에 매달아놓으니 마치 당나귀의 네 발을 한데 묶어 막대를 끼워서 거꾸로 매고 가는 형세가 되었다. 이 자세에서 몸을 움직이면 움직일수록 무릎 안쪽에 끼워놓은 각목이 살을 파고 들어가 고통이 더해질 뿐이다.

또다시 물고문이 시작되었다. 물 젖은 수건으로 얼굴을 완전히 뒤집어씌우고 주전자로 서서히 물을 부었다. 나는 조금이라도 견디어보려고 일단 심호흡을 크게 하였다. 숨이 다 빠져나가고 다시 숨을 쉬려고 하자 물 묻은 수건이 공기를 차단하면서 콧구멍 속으로 물만 들어왔다. 나는 질식해 죽을 것 같은 위기 속에서 어떻게든 숨 쉴 틈을 마련해보려고 발버둥 쳤다. 그러나 몸에 꽂혀 있는 비녀 때문에 꼼짝달싹하지 않았다. 곧 숨이 넘어갈 것만 같은 극도의 공포 속에서 단말마의 힘을 다해 몸부림쳤다. 그들은 움직이지 못하도록 내 몸을 붙들고 있었고, 나는 죽음의 경계를 왔다 갔다 하며 온몸을 뒤틀어대었다.

그러다가 어느 순간 손발을 묶은 수건이 풀어졌다. 나보다도 그들이 먼저 깜짝 놀란다. 원래 비녀꽂기는 아무리 발버둥 쳐도 스스로는 풀 수 없다. 수사계장이 대경실색하며 "어어, 이 새끼 봐라. 내가 지금까지 이 일을 하면서 수건을 푸는 놈은 니가 처음이다. 너 틀림없이 북한에서 특수훈련을 받았지?" 하며 다시 수건을 묶으려고 하였다.

나는 좀 전의 지옥 같은 순간들을 또다시 반복한다는 게 너무나도 끔찍하여 비녀꽂기 고문을 거부하기로 작정하였다.

"야 이 씨발놈들아! 이 고문만은 절대 못 받겠다. 차라리 딴 방법으로 날 죽여라!"

악에 받쳐 반항했더니 격분한 수사계장이 각목을 집어 들고 무차별 구타하기 시작했다. 그가 얼마나 흥분했는지 각목을 마구 휘두르다가 바닥에 흘린 물에 미끄러져 자빠지는가 하면, 겨냥을 잘못하여(나 역시 광란 상태에서 이리저리 피했으므로) 벽을 수십 번 찍어댔다. 방음 타일로 덮여 있는 수사실 벽은 그로 인해 곰보투성이가 되고 말았다.

나는 이 무차별 구타의 와중에서 두 군데 치명타를 얻어맞고 말았다. 각목의 모서리 부분에 왼팔의 이두박근과 오른쪽 발목의 복사뼈를 정통으로 얻어맞았다. 이두박근이나 엉덩이같이 제법 두툼한 곳은 정타로 맞으면 근육이 완충재 역할을 하지만, 이번처럼 각목의 직각 부분으로 빗맞으면 근육이 뒤틀어진다. 나중에 상처가 다 아물고 나서도 내 왼팔의 이두박근은 오른팔과 비교해 조금 부풀어 있다. 영구히 상처가 남은 것이다. 오른쪽 복숭아뼈도 뼈와 근육이 아주 오랫동안 부은 채로 있었다. 내 기억에 거의 6개월 이상 그런 상태로 있었던 것 같다.

어쨌든 이날 내 방에서 어찌나 난리를 쳤던지 다른 방에 있던 수사관들이 구경 왔다가 질겁하고 물러설 정도였다. 다음날 세면장에서 옷을 벗어보니 비녀를 꽂았던 다리 뒷부분이 넓적다리부터 종아리까지 온통 시퍼렇게 멍이 들어 있었다. 또한 전신 구타로 온몸이 부어서 한동안 똑바로 누워 자지도 못했다. 결국 그날 나는 모든 것을 포기한 채 그들이 주장하는 북한 방문을 최종적으로 인정하고 그동안에 작성되었던 허위자백을 이리저리 꿰맞추어 완전한 조서를 만들었다.

그러나 다음날 사태는 또다시 역전되고 만다. 아침에 수사계장이 상쾌한 기분으로 출근하자마자 나는 그 앞에서 세상에 다시없는 슬픈 표정을 지으며 솔직히 고백하였다.

"미안하지만 어제의 것도 허위자백이었다. 나는 이제 모든 것을 포기한다. 더 이상 그런 식의 고문을 받느니 차라리 죽어버리겠다. 죽이든지 살리든지 마음대로 해라. 내가 간첩이어도 좋고 아니라도 좋다. 당신이 조서를 어떻게 꾸며도 다 도장 찍어주겠다"라고 했더니 그도 어쩔 수 없는지 그날부터 더는 북한 방문을 가지고 고문하지 않았다. 하긴 지난 2주일 동안 오직 이 한 건을 가지고 그렇게 고문했는데도 자백을 받아내지 못했다면 포기해야지.

그러나 그들은 한 가닥 의구심을 끝내 지우지 못했다. 나를 법정에 넘기는 그 순간까지 틈만 나면 이에 대해 물었다. 전형적인 수사기법 가운데 하나인데, 일상적인 대화를 하다가 느닷없이 북한 관련 질문을 했다. 예를 들어 진술서에 써넣을 북한의 대남전략전술을 논의하는 중에 갑자기 "그래, 평양냉면은 맛이 있었나?" 하는 식이다. 만약 얼떨결에 잘못 대답했다간 그때부터 또 고문의 나락으로 굴러떨어지기 때문에 구금 기간 내내 한순간도 긴장의 끈을 놓을 수가 없었다.

하수인 만들기

수괴로 점찍은 용의자가 북한을 갔다 온 사실이 없으니 수사전략을 바꾸어야 할 판이다. 그야말로 한 일이 아무것도 없으니 내보내야 마땅하지만 그들이 보기에 황대권이란 놈은 북한과 관련이 없을 뿐이지 '골수 빨갱이' 그 자체였다. 따라서 수괴는 못

되더라도 그에 버금가는 혐의를 만들어야 했다. 그들이 뒤집어씌운 혐의는 두 가지였다. 하나는 유학 시절 만난 두 친구를 북과 연결해준 《해외 한민보》 발행자 서정균 씨의 하수인으로 만드는 것이고, 또 하나는 호기심에 평양을 방문한 친구를 뒤에서 사주한 사람으로 만드는 것이었다.

나는 뉴욕에 있는 사회과학대학원(New School for Social Research)에서 정치학을 공부하면서 한반도에 대한 최신 정보를 어디에 가면 얻을 수 있을까 고민하다가 당시 《해외 한민보》라는 교포신문을 발행하고 있는 서정균 씨를 찾아가 이런저런 정보를 얻어냈다. 사실 정보 획득 외에 나에게는 또 다른 목적이 있었다. 모든 정보가 열려 있는 미국에서 공부해보니 그동안 국내에서 접한 정보 대부분이 왜곡되었거나 잘못된 것이었다. 독재자들이 정치적 목적으로 특정 정보를 왜곡하여 국민을 오도한 것이다. 올바른 정보와 이론을 사람들에게 알려줘야겠다는 생각이 들었다. 그러자면 해외에서 '정치평론지'나 '정치신문' 같은 것을 만들어야 하는데 오랫동안 신문을 제작하고 있는 서정균 씨가 도움이 될 것으로 생각했다. 그러나 이 생각은 여러 가지 주변 여건이 맞지 않아 초기 단계에서 포기하고 만다. 서정균 씨로부터 일방적으로 정보를 얻기만 해서는 미안하니까 내가 가지고 있는 국내 지하유인물 등을 가져다주기도 했다. 이처럼 서정균 씨와는 내가 필요해서 만난 동등한 관계였는데 안기부는 어떻게 해서든지 나를 그의 하수인으로 만들려 했다. 그것도 그냥 하수인이 아니라 '북괴 공작원'인 그의 지령을 받는 하수인으로.

서정균 씨는 서울대 정치학과를 나와 《동아일보》 기자를 하다가 1971년 미국으로 건너가 유학 생활을 하면서 《동아일보》 현지통신원을 지내기도 했다. 그러나 박정희가 1972년에 '종신 집권'을 꿈꾸며 '10월유신'을 선포하자 곧바로 《해외 한민보》라는 반정부 신문을 발행하여 해외 민주화운동의 선봉에 선다.

나는 1982년에 미국으로 유학을 가자마자 《해외 한민보》를 접하고는 바로 그와 연결되기를 열망하였다. 그 신문에는 국내에서 접하기 어려운 한반도 관련 정보가 가득했기 때문이다. 당시 해외에서는 박정희와 전두환의 철권통치에 실망한 교포들이 반사적으로 북으로 기울거나 우호적인 발언을 하는 이가 많았다. 대표적인 사건이 그 무렵 일단의 해외 민주화운동 인사들이 처음으로 북한을 방문하고 그 방문기가 《해외 한민보》에 실렸는데, 베일 속에 가려졌던 북한의 모습이 해외교포의 눈을 통해 소개되었다는 점에서 큰 반향을 일으켰다. 이 방문기는 나중에 「분단을 뛰어넘어」라는 제목으로 국내에도 소개되었다.

그때까지 안기부는 서정균 씨를 친북인사 정도로 보고 있다가 '구미유학생간첩단 사건'을 조작하면서 그를 '북괴 공작원'으로 몰고 갔다. 그러나 안기부는 서정균 씨가 북의 공작원이라는 증거를 어디에서도 찾아내지 못했다. 재심 준비과정에서 확보한 문서에 의하면 해외 공관에 있는 안기부 직원들조차 그가 공작원이라는 보고를 전혀 하지 않았고, 이 사건을 별도로 조사한 미국 FBI도 "유학생들이 북의 스파이라고 생각하지 않는다"라고 보고했다. 참고로 서정균 씨의 자녀는 하버드 법대를 나와 상당 기간 미국 국무부(The U.S. State Department)의 고위관리로 근무한 적이 있다는 사실만 적시해둔다.

어찌 되었건 안기부 수사관들은 나를 '북괴 공작원' 서정균의 하수인으로 설정해놓고 그것을 인정하도록 또다시 고문을 시작했다. 그러나 지난번처럼 번거로운 물고문 대신에 손찌검과 매질로 끊임없이 괴롭혔다. 진술서를 작성하다가 자기네 뜻대로 되지 않으면 내 머리카락을 한 움큼 쥐고 "서정균이 너를 이렇게 끌고 다니는데 네가 안 따라와?" 하며 방 안을 질질 끌고 다녔다. 내가 서정균의 하수인이 아니라고 부정할 때마다 이렇게 끌고 다녔는데, 한 바퀴 돌고 나면 방바닥에 뜯겨나간 머리카락이 어지러이 나뒹굴었다. 지금은 완전 대머리가 되었지만 30세인 당시만 해도 내 머리는 제법 새카맸다. 아마도 이때 모근이 전반적으로 들떠버렸고 오랜 감옥 생활의 스트레스로 인해 머리가 다 빠져버린 것 같다.

그다음으로 많이 한 고문은 발바닥 매질이다. 발바닥 매질은 상처가 남지 않으면서 고통이 심하여 저들이 즐겨 쓰는 방법이다. 그들은 뻑 하면 나를 책상 위에 무릎 꿇려 앉혀놓고 각목으로 발바닥을 가격했다. 발바닥을 세게 때리면 '퍽!' 하고 둔탁한 소리만 날 뿐이지만 그 고통은 발을 타고 올라가 심장을 찌른다. 고문에 의한 외상은 몇 년 안에 거의 회복되었지만 발바닥 매질의 후유증은 참으로 오래갔다. 감옥살이를 시작한 이래 발바닥에서 시작하는 신경발작에 시달렸다. 예고 없이 하루에도 몇 번씩 발작이 일어났다. 그럴 때면 발작이 일어난 다리를 끌어안고 방 안을 떼굴떼굴 굴렀다. 신경발작은 치통과 함께 징역 생활 내내 나를 괴롭힌 두 가지 질환이었다. 결국 이런 과정을 거쳐 나는 '북괴 공작원' 서정균의 충실한 하수인으로 전락했고 그와 나는 모든 대화는 지령 수수와 지령 수행 보고로 변해버리고 말았다.

북한 방문을 사주하다?

그들은 서정균 씨의 하수인으로 만든 것만으로는 성이 차지 않았는지 이번에는 평양에 다녀온 친구의 배후로 조작했다. 사실 이 심문이 심리적으로는 가장 고통스러웠다. 방북이나 서정균 관련은 있는 그대로 부인하면 그만이었지만, 이 경우는 당사자가 바로 옆방에서 실시간으로 정보를 흘리고 있어서 대처하기가 정말 곤란했다.

그와 나는 안기부에 잡히기 1년 전쯤에 미국에서 아무런 약속이나 이별의식조차 없이 갑작스레 헤어졌고, 그 이후 나는 학업과 신혼생활에 쫓겨 아무것도 생각할 겨를이 없었다. 그와의 관계를 까맣게 잊고 있었다 해도 과언이 아니다. 그런데 수사실 옆방에서 기억도 잘 안 나는 일들을 적은 쪽지가 계속 날아오는데 정말 혼란스러웠다. 피의자를 분리된 두 방에 가두어놓고 중간에 수사관이 드나들며 "A가 이렇게 말했는데 너는 왜 다른 소리 하냐?"라고 다그치면 사건의 흐름을 나에게 유리하게 끌어갈 수가 없다. 특히 기억이 가물가물한 사안은 저쪽이 의도하는 대로 정리될 수밖에 없다. 그 친구는 평양에 간 사실 때문에 일찍부터 항복하고는 안기부의 교묘한 수사기법에 휘둘리는 바람에 같이 잡혀 들어온 동료들로부터 많은 원성을 샀다. 그 친구의 진술 하나로 주변 사람들이 모두 국가보안법상 불고지죄와 간첩 방조죄를 뒤집어써야 했기 때문이다. 그는 이로 인한 죄책감에 시달리다가 감옥에서 뇌경색을 앓기도 했다. 젊은 시절 단순 호기심에 다녀온 북한 여행은 그에게 평생 감당할 수 없는 심리적 고통을 안겨주었다. 평양을 갔다 온 그 친구와 나 사이에 어떤 일이 있었는지를 사실대로 얘기하면 다음과 같다.

어느날 나는 그 친구를 데리고 서정균 씨 집에 가서 함께 북한 영화 비디오를 보고 왔다. 그런 일이 있고 나서 얼마 후 그 친구가 한국에서 입영 영장이 날아왔다며 귀국해야 한다고 하여 그런 줄 알았다. 나는 대학원 공부가 엄중하여 다른 데 신경 쓸 여유가 없던 시기였다. 그러고 나서 10개월이 지나 뜬금없이 안기부에 붙들려 와서야 그 친구가 북한을 다녀왔다는 얘기를 들은 것이다. 깜짝 놀랄 일이었다. 그런데 그들은 나의 사주로 그 친구가 평양을 갔다고 진술서를 쓰라고 한다. 군사독재 아래서 가면 뻔히 죽을 수도 있는 일을 사주한다는 게 말이나 되는가! 더구나 둘 사이가 무슨 혁명적 조직으로 묶인 관계도 아닌데. 내가 완강히 부인하자 그들은 '암시'를 통해 영향력을 끼쳤다고 조서를 작성했다. 그러고는 조서 후반부에 친구가 북한을 방문한 뒤 나에게 방문보고를 했다는 진술까지 덧붙였다. 내가 부정을 해도 그 친구가 그렇게 진술을 하니 나로서는 도리가 없었다. 짐작건대 나와 같이 북한 비디오를 본 뒤로 잠시 북한에 대한 강렬한 호기심과 동경에 빠져 귀국하는 길에 사고를 저지른 것 같다. 여기에 서정균 씨가 역할을 했다는 것을 안기부 수사실에서 알게 되었다.

지금은 이렇게 몇 줄로 당시의 수사과정을 담담히 쓰고 있지만 '직접 사주'에서 '암시'로 행위가 축소되는 과정은 수사관과 피의자 사이에 그야말로 피를 말리는 '밀당'이 있었다. 한번은 모든 일이 나의 의도와는 반대로 진행되어 가슴이 터질 듯 답답한데 수사관의 강압적 태도가 꼴 보기 싫어서 묻는 말에 대답도 않고 딴청을 부렸다.

"안 되겠다. 너 좀 맞고 해야겠다."

그러더니 야전침대 각목을 뽑아 들고 엎드리게 한 다음 그대로 엉덩이에 내리꽂는다. 정말 오랜만에 맞아보는 정식 '빠따'였다.

"하나, 둘, 셋, 넷, 다섯… 열!"

연거푸 10대를 맞고 일어서는 내 다리는 후들후들 떨렸지만 나는 수사관의 손을 덥썩 잡고 소리쳤다.

"고맙습니다, 때려줘서!"

나 역시 숨 막히는 신경전을 치르느라 속이 시커멓게 타들어가던 중이었다. 그 상태로 몇십 분만 더 있었으면 아마도 정신이 어떻게 되었을지도 모를 지경이었다. 그런데 '빠따'를 맞고 나니 가슴이 뻥 뚫리는 게 속이 시원해졌다. 오죽하면 나도 모르게 수사관에게 고맙다고 말을 했을까. 수사관은 이놈이 하도 처맞더니 드디어 돌아버렸나 하는 표정으로 말없이 쳐다보기만 했다.

사회주의 폭력혁명론자로 몰아가기

안기부는 처음부터 나를 골수 공산주의자로 생각했다. 안기부 수사관이 작성한 수사 조서 한구석에 보면 나를 "개전의 가능성이 전혀 없는 골수 빨갱이"로 분류해놓았다. 만약 '보도연맹 학살사건' 같은 것이 또 벌어진다면 제1순위로 사형집행에 처할 사람이다. 일단 나와 공범으로 묶여 있는 두 친구가 북과 접촉했고 내 집에서 훔쳐간 책들이 거의가 사회주의 아니면 혁명에 관한 것들이었으니까. 방금 '훔쳐갔다'라고 썼는데 사실이 그렇다. 그들은 수사 초기에 아무도 없는 뉴욕의 내 집에 쳐들어가 그 안의 물건들을 하나도 남김없이 훔쳐갔다. 무슨 증거라도 찾기 위해서였겠지만 엄연히 절도범죄였다. 덕분에 나는 지금 유학 시절에 썼던 볼펜 한 자루조차 가지고 있지 않다.

나는 뉴욕 사회과학대학원에서 비교정치학, 그 가운데에서도 특히 제3세계의 급격한 사회변동을 주로 연구하였다. 70년대는 서구 자본주의가 최대 호황을 누린 기간이었지만 동시에 제3세계 곳곳에서 다양한 민중혁명 또는 사회변동이 이루어진 시기였다. 먼저 70년대 중반에 미국이 베트남에서 굴욕스런 패배를 당한 것을 필두로 아프리카, 중동, 중남미, 동남아시아에서 민중혁명이 잇따랐다. 유학 기간이었던 82~84년만 해도 중남미의 엘살바도르, 니카라과, 과테말라, 콜롬비아, 그레나다 등에서 좌파 게릴라 활동이 활발히 전개되고 있었다. 내가 다녔던 학교는 미국에서 가장 진보적인 학교였기 때문에 학내에서 제3세계 민중혁명을 지원하는 단체를 만들어 함께 토론하기도 했다.

나는 학교수업이 없는 날이면 뉴욕 시내에서 벌어지는 각종 데모에 참여하여 미국의 제3세계 간섭을 규탄하곤 했다. 그 과정에서 혁명가를 자처하는 사람들을 만나 교유도 하고 그들이 주도하는 모임에 나가 열띤 토론에 참여하기도 했다. 돌이켜보면 그 당시의 나는 식민지 시절 파리에 체류했던 청년 호찌민이나 동경에 갔던 버마 청년 아웅산과 비슷한 심정으로 유학 공부를 했던 것 같다. 재미있는 얘기를 하나 하자면, 안기부에 처음 들어갔을 때 그들은 종이를 하나 던져주고는 나의 취미나 좋아하는 일 등을 적어내게 했다. 항목 가운데 가장 존경하는 사람이 누구인가 하는 게 있었다. 적어도 그런 곳에 잡혀 들어가면 눈치껏 행동해야 함에도 고지식했던 나는 내가 존경해 다지않는 인물로 '호찌민'을 써냈다. 그랬더니 이 빨갱이 새끼, 여기가 어딘데 함부로 입을 놀리냐며 엄청나게 두들겨 맞았다. '이병철'이나 '정주영'을 써야 했는데 이미 엎어진 물이었다.

내가 공부를 하면서 혁명의 열기에 사로잡혀 있었던 건 사실이지만, 그 열기 때문에 죽어라고 공부한 것도 사실이다. 그러나 나는 이미 역사가 되어버린 혁명의 추종자는 결코 아니었다. 나의 조국 대한민국의 혁명은 그것들과 엄연히 다른 것이기 때문이다. 나는 기존의 혁명이론을 공부하면서도 서구인들이 정립한 정치이론에 대해 '비판적 검토'를 게을리하지 않았다.

그 비판적 검토 가운데 나를 매료시킨 두 사람이 있었는데 영국의 에르네스트 슈마허(Ernst Friedrich Schumacher)와 조세프 니담(Joseph Needam)이 그들이다. 이 두 사람과 칼 마르크스가 유학 기간 나에게 가장 큰 영향을 끼쳤다. 슈마허는 제3세계가 '작은 것'과 '적정기술'을 채택해야 함을 알려주었고, 니담은 서양이 동양을 능가하기 시작한 것은 겨우 산업혁명 이후였음을 가르쳐주었다. 내가 다녔던 학교에는 스스로 마르크시스트라고 밝힌 교수가 많았는데 나는 그들의 수업을 들으면서도 마르크시즘을 정면으로 비판하는 논문을 써서 제출하곤 했다. 그렇다고 무슨 반공논리를 들이댄 것이 아니라 서구 마르크시즘이 역사문화적 맥락이 다른 제3세계에 전혀 맞지 않는다는 논지였다. 한마디로 나는 나의 이론과 사상을 확립하고 싶었다.

그런데 안기부에 들어가니 수사관들이 나의 사상을 북한이 항일투쟁 시기에 확립한 '반제반봉건민족해방론'으로 정리해주는 것이었다. 기가 막혀 말이 나오지 않았다. 20세기가 끝나가는 시점에 '반봉건'이라니! 내 사상은 그게 아니라고 말을 해도 막무가내였다. 그들로선 제국주의에 반대하면 무조건 빨갱이고, 같은 빨갱이라면 북한 추종 빨갱이가 이용해 먹기가 쉽기 때문이었다. 실제로 내 공소장을 읽어보면 북한의 정치사상론을 그대로 써놓았다.

한번은 옆방의 수사관이 내 방에 들어와 한참 수다를 떨더니 "아, 제국주의 주구 노릇 하기 힘들구나아…" 하고 기지개를 켜며 나갔다. 방마다 피의자의 사상에 관해 진술서를 작성하고 있었던 시점이었다. 웃자고 한 개그였지만, 여기에는 한국 보통사람들의 세계관이 고스란히 들어 있다.

그때나 지금이나 한국 국민이 잘 모르고 있거나 혹은 인정하고 싶지 않은 사실이 바로 제국주의로서 미국의 실체에 대한 것이다. 우리는 일본 제국주의를 겪었기 때문에 그 제국주의를 미국에 적용하는 것을 심정적으로 거부하는 경향이 있다. 사실을 말하면 일본 제국주의가 미국 제국주의에 패배한 것이다. 그러나 사람들은 미국을 '나쁜 일본 제국주의'를 물리친 '은혜로운 강대국' 정도로 인식하지 미국 자체가 전형적인 제국주의임을 받아들이려 하지 않는다. 당시에는 미국을 제국주의 국가로 부르면 무조건 빨갱이로 간주했다. 북한과 같은 주장을 한다는 이유로.

사실 나는 여전히 공부 중이었기 때문에 "이것이 내 사상이오!" 하고 말해줄 것이 없었다. 그렇다고 내가 이러저러한 것들을 공부하고 있다고 말을 한들 알아들을 사람들이 아니었다. 그들이 아는 것이라곤 오직 북한의 대남혁명론이었고, 잡아온 사람들을 거기에 두들겨 맞추는 것이 그들의 임무였다. 안기부에 의해 '구미유학생간첩단'이라는 거창한 조직의 일원으로 엮였지만 실제로 한 일이라곤 돌아다니며 공부한 것 말고는 아무것도 없었다. 안기부는 간첩을 입증할 만한 증거자료가 너무 없다보니 유학 시절 해외 반정부 신문에 기고한 칼럼 몇 편을 증거로 첨부했다. 덕분에 나는 국제앰네스티(Amnesty International)에 의해 '글로 인해 투옥된 작가'로 인정되어 수감 기간 내내 '앰네스티 옥중작가위원회(Writers in Prison Committee)'와 국제 펜클럽(International PEN Club)으로부터 지원을 받았다. 고마운 일이다. 때문에 나는 저들이 나의 '행위'가 아니라 '사상'을 처벌한 것으로 이해했다. 그러나 그 사상조차도 내 것이 아닌 북한 것을 그대로 베껴 세상에 발표해버림으로써 나는 그야말로 아무짝에도 쓸모가 없는 쓰레기 인생이 되어버리고 말았다.

무기징역형이 확정되고 징역살이를 하는 가운데 기회가 왔다. 89~90년 사이에 사회주의권이 몰락하자 한국의 변혁운동 진영에서는 향후 운동의 방향을 어떻게 정립할지를 두고 심각한 논쟁이 진행되었다. 당시 내가 있던 안동교도소에는 한국의 운동권을 지휘하던 지도부의 상당수가 복역하고 있어서 우리는 틈만 나면 머리를 맞대고 토론을 하였다. 하지만 폐쇄적 조직운동의 구렁텅이에 깊이 빠져 있던 한국의 운동권은 새로운 얘기에 귀 기울일

자세가 되어 있지 않았다.

나는 사상의 혼란기에 새로운 방향을 제시할 겸 안기부가 단죄했던 나의 사상을 제대로 밝히기 위해 유학 시절부터 연구했던 것을 정리하여 『백척간두에 서서—공동체 시대를 위한 명상』이란 제목의 단행본을 발표했다. 출간은 당시 사회과학 대중잡지인 『사회평론』 주간이었던 친구 허상수가 주도했다. 나는 책에서 자신을 '공동체주의자'로 규정하고 향후 세계를 결정지을 운동은 주민자치에 기초한 각종 공동체운동(마을공동체, 생태공동체, 지역공동체, 공동체 연합 등)이 중심을 이룰 것이라고 주장했다. 아직 생태주의 세례를 받기 전이라 그 내용이 빠져 있지만 이 책의 내용이 이후 내 삶과 실천의 바탕을 이루고 있다. 30년 전에 한국의 운동권은 내게 '부르주아 수정주의'라는 딱지를 붙여주었지만 지금 그 내용은 한국사회운동의 도도한 흐름이 되어 있음을 부정할 수 없을 것이다.

쓰고 쓰고 또 쓰다

안기부 지하실에서 60일 동안 무엇을 했느냐고 물으면 대답은 너무 간단하다.

"썼다."

60일 동안 내리 쓰기만 했다, 맞아가면서. 대략 헤아려볼 때 60일 가운데 약 절반은 '수사조서'를 작성하는 데 들었고, 약 20일 정도는 '피의자 진술서'를 쓰는데, 그리고 나머지 10일은 '반성문'을 쓰면서 '모의재판' 등을 하며 검찰조사와 재판을 준비하는 데 쓰였다. 대한민국 형사소송법에 의하면 피의자를 구속하여 수사할 수 있는 기한이 최대 20일을 넘지 못하도록 규정하고 있다. 보통의 범죄들은 구속 기간 내에 조서 작성이 가능하지만 간첩죄는 조작의 정도와 피의자의 저항 여부에 따라 법정기한을 지키기 힘든 경우가 많다. 역대로 안기부는 법정기한을 제대로 지키지 않았고 대한민국 법원은 그것을 관행으로 여겼다. 말하자면 피의자가 누구냐에 따라 법이 불공평하게 적용되었다.

태어나서 안기부에 잡혀올 때까지를 연대별로 자세히 써야 한다. 옛날 일이라고 대충 써서는 안 된다. 이들은 나에 관한 모든 공문서, 예컨대 호적등초본, 동반장의 주민 동향 기록, 건물 대장, 학적부, 군대 기록, 사업자등록서, 해외 주재 안기부 직원의 동향 기록 등 구할 수 있는 것들을 다 가져다놓고 나의 진술이 맞는지 일일이 확인을 한다. 특히 '범죄'와 연관이 있는 기간은 밥 먹고 똥 싼 것까지 아주 구체적으로 적어야 한다.

나의 경우 10년 전인 대학교 1학년 때부터 자세히 적어야 했는데 기억이 제대로 날 리가 없다. 아무 날 아무 시에 누구를 만나 무슨 얘기를 했는지 육하원칙(六何原則)에 따라 자세히 적으라는데 기억이 안 난다고 어물쩍대면 여지없이 몽둥이가 날아왔다. 참으로 신기한 게, 두들겨 맞으면 기억이 난다는 것이다. 이 관계는 좀 연구가 필요할 것 같다. 매를 안 맞기 위해 우리 몸이 초능력을 발휘하는 건지, 아니면 유사하게 써냄으로써 위기를 넘기는 건지 잘 모르겠다. 나중에 쓰고 버린 모나미 볼펜을 세어보니 12자루나 되었다. 그야말로 손가락에 물집이 잡힐 정도로 두들겨 맞으면서 쓰고 또 썼다.

그러나 맞는다고 해서 다 기억해내는 건 아니다. 나와 관련된 학내 운동권 계보를 진술할 때였는데, 한 선배의 이름이 가물가물한 게 잘 떠오르질 않았다. 그때까지 경험으로 보아 조금만 더 두들겨 맞으면 생각이 날 듯도 했다. 만약 그 선배의 이름을 불면 그 뒤로 서울농대 복학생 운동권 이름이 호박 넝쿨처럼 이어질 것이 뻔히 보였다. 이 사건과 아무런 관련이 없는 이름을 쓸데없이 불어 엉뚱한 피해가 나서는 안 되었다. 수사관들은 이런 정보들을 따로 챙겨두었다가 나중에 별건 수사를 통해 짭잘허니 재미를 보기도 한다. 나는 위기의 순간에 자신에게 최면을 걸었다.

'생각나지 마라. 생각나지 마라. 생각나지 마라….'

놀랍게도 수사관이 아무리 두들겨 패도 생각이 나지 않았다. 헌데 그날 수사가 다 끝나고 잠자리에 들자 홀연히 그 선배 이름이 생각났다. 최면이 통하였던 것이다!

생각해보니 군대에서 한여름 땡볕에 완전군장을 하고 연병장을 돌 때 비슷한 일을 겪은 것 같다. 도저히 더는 뛸 수 없을 것 같은 순간에 애인 이름을 되뇌며 끝까지 견뎌낸 것도 같은 이치이지 싶다. 말하자면 관심을 다른 곳에 둠으로써 현재 진행되고 있는 일로부터 살짝 벗어나는 것이다. 그러나 이것이 매번 성공하는 것은 아니다.

고문을 받으면 머릿속에 들어 있는 것은 웬만해서는 다 불게 되어 있다. 안기부 수사관은 밥 먹고 그 일만 하는 전문가들이다. 수사관은 갖은 수단을 다 동원하여 자기네들이 원하는 대답을 얻어내려 하고, 피의자는 조금이라도 자신에게 유리한 진술을 하려 한다. 이것을 저들은 '심문투쟁'이라고 부른다. 밖에 있을 적에 선배나 책을 통해 쓸데없이 자신과 직접 관계가 없는 정보를 알려 하지 말라는 얘기를 수도 없이 들었는데 실제로 당해보니 알고 있는 것은 시간의 문제일 뿐 다 말해버리고 만다. 기억력의 특성상 불분명하거나 잘못된 정보가 나오기도 하지만 충분한 시간을 가지고 압박을 가하면 다 나오게 되어 있다. 나는 나름대로 열심히 심문투쟁을 벌였으나 결국 간첩이 되는 것을 피할 수 없었다.

수사관이 피의자를 조리돌림하여 작성한 '수사조서'가 완성되면 다음엔 '피의자 진술서'를 작성해야 한다. 문자 그대로 피의자가 자신의 행위를 자필로 쓰는 것이다. 하지만 자필 진술서라 해도 자기 마음대로 쓸 수 없다. 형식이나마 자의적으로 쓴 것처럼 보이기 위해 수사관은 자신이 작성한 '수사조서'를 참조하여 적당히 흉내를 내라고 조언한다. 나는 처음에 내가 쓴 것처럼 문구를 수정해가며 썼으나 얼마 지나지 않아 토씨 하나 안 틀리고 그대로 베껴 썼다. 훗날 피의자 진술서가 타의에 의해 작성되었음을 증명하고 싶어서였다. 수사관이 처음에는 베끼지 말라고 알밤을 몇 대 갈기더니 나중엔 귀찮은지 내버려두었다. 자필 진술서는 형식일 뿐 재판과정에 아무런 영향을 끼치지 못한다. 도대체 이런 쓸데없는 짓은 왜 하는지….

참고인 진술서

참고인이란 피의자의 범죄행위를 입증하기 위해 동원되는 주변 인물을 말한다. 나는 미국에서 돌아오자마자 붙들려 왔기 때문에 참고인이 비교적 단출하였다. 모두 학창시절 동아리 후배나 동료였다. 참고인 진술을 받아낼 때 "황대권은 간첩이다. 간첩으로 의심할 만한 발언이 있었으면 빠짐없이 다 써라. 아니면 너희도 간첩방조로 처벌받는다"라고 협박한다. 세 사람의 진술서를 보니 황대권에게 들었다고 하는 북한 또는 한국정치와 관련된 발언 내용이 토씨 하나 안 틀리고 똑같았다. 조작하려면 좀 더 신경을 쓰시지….

참고인들은 진술 말미에 "황대권의 발언 내용을 뒤늦게 생각해 보니 간첩이 아닌가 의심스러웠다" 또는 "그때 신고하지 않은 게 후회스럽다"라고 적어놓았다. 모두 사랑하는 후배와 동료지만 서운한 마음은 손톱만치도 없다. 안기부에 잡혀 들어온 이상 그 누구라도 피할 수 없는 일이기 때문이다. 어떤 참고인은 최장 한 달을 붙들려 있었고, 사안에 따라 며칠 또는 1주일씩 갇혀서 참고인 진술을 작성했다. 나로 인해 붙들려온 허상수 한국사회과학연구회 이사장은 당시 참고인으로 붙들려와 고통을 받고 이후 3년간을 폐인처럼 살았다고 나중에 고백하였다.

역용 공작 검토

'역용(逆用) 공작'의 뜻을 아는 한국인은 아마 100명도 안 될 것이다. 첩보기관에서만 쓰는 용어이기 때문이다. 수사기관과 피의자 사이에 일종의 딜(deal)이 일어나는 경우가 있는데, 피의자의 범죄사실을 경감 또는 없는 것으로 해주는 대신 수사기관에 협조하는 것이다. 시쳇말로 '프락치'가 되는 것이다. 대체로 범죄 조직의 일원으로 함께 잡혀갔는데 석연치 않은 이유로 혼자서 살아 돌아왔거나 이례적으로 가벼운 처벌을 받는 경우 역공작에 걸렸을 가능성이 크다. 나에게도 수사 도중 비슷한 제안이 들어왔다. 모든 범죄행위에서 제외해줄 테니 안기부를 위해서 일할 생각이 없느냐는 것이다. 그러면서 제의를 받아들여 현재 국가를 위해 열심히 일하고 있는 제법 알 만한 사람들을 줄줄이 나열한다. 간첩으로 조작되느냐 마느냐 하는 판국에 일고의 가치도 없어 거절했지만 심약한 사람은 받아들일 수도 있다는 생각이 들었다.

사실 일제강점기에 수많은 독립투사가 이러한 역공작에 걸려 밀정으로 전락하곤 했다. 영화 〈암살〉과 〈밀정〉에 이들의 일상이 적나라하게 묘사되어 있다. 한국현대사 최대의 미스터리인 '박헌영 간첩 사건'도 같은 성격의 사건이다. 북한당국은 한국전쟁 직후에 조선공산당 총비서였던 박헌영을 '미제의 간첩'으로 몰아 처형했다. 그들의 주장으로는 일제강점기에 형무소에서 고문에 못 이겨 프락치가 되었는데 뒤이어 들어선 미군정이 이 사실을 알고 협박해서 계속 프락치 노릇을 했다는 것이다. 물론 고문에 장사가 없지만 나는 북한당국의 이 주장을 믿지 않는다. 그러나 내가 대전교도소 비전향 장기수 사동에 있을 때 당시의 사정을 잘 아는 장기수들에게 물어보니 하나같이 북한의 공식 주장을 되풀이하고 있었다. 원래 첩보 세계는 오리무중이라 누구의 주장이 옳은지 알 수가 없다. 밀정이 되는 데에는 나름대로 사정이 있겠지만 왜 그런 피 말리는 인생을 선택했는지 안타까울 뿐이다. 심지어 나는 감옥에서 '삼중 스파이'를 만나 함께 살기도 했다. 그는 남한의 안기부와 북한의 보위부, 그리고 미국의 CIA와 선을 대고 활동하다가 결국 남한에서 무기수의 삶을 살았다. 내가 '국가주의'를 반대하는 신념을 갖게 된 데에는 감옥에서의 경험이 무관치 않다.

낮에는 고문 수사관, 밤에는 다정한 아빠

아침에 수사관들이 출근하면 대개 커피 한 잔 마시며 전날 있었던 일들을 주거니 받거니 하면서 일과를 시작한다. 옆에 앉아 있는 나는 어쩔 수 없이 그들의 대화를 엿듣게 된다. 한 수사관이 "야, 내가 이래 봬도 집에 가면 얼마나 자상한 아빠인 줄 아냐?" 하더니 자기 아이들 자랑이랑 가장으로서 자신의 노력 따위를 주저리주저리 읊는다. 만약 저 친구 아이들이 아빠가 직장에서 하는 일을 보게 되면 어떤 반응을 보일까? 하는 상상을 해보았다. 피해 당사자인 나로서는 인간의 이중성에 대해 몸서리쳤지만, 그에게는 평범한 직장 일과에 지나지 않는다. 대부분의 고문 수사관들은 자신의 행위를 '애국 행위'로 생각하고 있다. 고문 수사관으로 이름을 날린 이근안의 고백수기를 읽어봐도 반성의 말은 한 마디도 없고 국가를 위해 애국한 것이 왜 죄가 되느냐고 항변하고 있다.

이것은 진짜 심각한 문제다. 한국만의 고유한 문제가 아니라 사실 인간사회 어디서나 볼 수 있는 보편적 문제이기도 하다. 내가 할리우드에서 생산된 미국산 애국주의 영화를 안 보는 이유도 여기에 있다. 영화의 주인공인 CIA 특수요원이나 미군 장교가 사건 현장으로 떠날 때는 반드시 가족을 찾아가 애틋한 이별을 나누는 장면이 나온다. 그 장면을 통해 주인공의 폭력 행위는 소중한 가정과 국가를 지키기 위한 것이고 더 나아가 세상의 정의를 위한 것임을 보여주려 한다. 아빠가 나쁜 사람들을 혼내주고 오는 동안 공부 열심히 하고 엄마랑 잘 지내고 있으라고 아이에게 다정하게 이른다. 사실 이런 류의 할리우드 영화는 체제 유지를 위한 홍보영화나 다름없다. 그러나 할리우드 주인공의 무차별 총탄에 쓰러지는 이교도 혹은 유색인종의 처지에서 보면 환장할 노릇이다. 하긴 반대쪽에 있는 사람들이 영화를 만들어도 내용은 별반 다르지 않을 것이다. 문제는 그동안 우리가 할리우드 영화를 너무 많이 보는 바람에 '미국의 정의'가 곧 '세계의 정의'인 것처럼 인식하고 있다는 것이다.

나는 수사관들의 대화를 들으면서 내가 바로 그 '나쁜 사람'이라는 것과 그들이 집에 돌아가 가족들과 함께 할리우드 영화를 보며 정의감에 몸을 떠는 장면을 상상하며 절망감에 사로잡힌다. 인간이란 정치적 동물은 과연 이 폐쇄적 자기합리화에서 벗어날 수 있을까? 정치가의 능력이란 결국 자기만의 정의를 가지고 얼마나 국민을 잘 선동하는가에 달려 있다고 볼 수 있다. 이렇게 해서 전쟁과 폭력은 끊임없이 계속된다.

안기부 지하감옥의 천국과 지옥

내가 겪은 안기부 지하감옥의 풍경은 하나의 영화로 찍어도 될

만큼 충분히 기괴하고 상징성이 풍부했다. 우리의 수사실은 지하 1층에, 그리고 밤 동안의 숙소는 지하 2층에 있었다. 지금 그 자리는 서울시 119 재난본부가 재난비상종합대책실로 사용하고 있다. 숙소라고 해서 작은 공간에 침대가 있는 그런 곳이 아니다. 시멘트 바닥에 철창으로 이쪽저쪽을 구분만 한, 그야말로 지금까지 내가 경험한 최악의 숙소였다. 저녁 8시쯤 식사까지 마치고 지하감옥에 들어가면 닭장처럼 꾸며진 작은 철창 방에 한 사람씩 넣는다. 옆방과는 벽으로 막아놓아 서로 볼 수 없다. 생각 같아선 바로 옆 공간의 동료와 이야기라도 할 수 있을 것 같은데 얘기는 커녕 숨소리만 크게 나도 불호령이 떨어졌다. 그곳 규칙이 밤 8시부터 취침시간인 10시까지 가부좌를 틀고 꼿꼿이 앉아 있는 것이었다. 10시 종이 땡 울리면 비로소 그날의 취침이 가능했다.

그곳은 두 사람의 직원이 하루 걸러 근무했는데 그들의 직급이 정식 계약 근무자인지는 잘 모르겠다. 그들의 말투나 행위로 보아 정식으로 급여를 받는 안기부 직원으로 보이지는 않았다. 이 얘기를 왜 쓰는가 하면 그들의 행위가 너무도 기괴했기 때문이다. 한 사람은 악마였고 또 한 사람은 천사였다. 악마 간수는 가부좌를 틀고 앉아 있는 2시간 동안 매의 눈초리로 감시하면서 졸거나 조금이라도 자세가 흐트러져도 달려와서 작대기로 야단치며 때렸다. 좌선 공부할 때 죽비를 내려치는 상좌스님처럼 단호하고 무자비했다. "하, 여기는 간수조차 고문 수사관 흉내를 내나!" 하지만 도리가 없다. 아무리 피곤해도 꼿꼿이 앉아 시간이 가기만 기다려야지. 어쩌면 그도 빨갱이에 대한 학대를 통해 애국하고 있다고 생각하는지 모르겠다.

반면에 천사 간수는 그렇게 까다롭게 굴지 않았다. 힘들면 벽에 기대도 좋다고 인심을 썼다. 그런데 이 양반은 기독교 광신자. 근무시간에 피의자를 감시하기보다는 혼자서 알 수 없는 말을 지껄이며 통성기도하기에 바빴다. 들어보니 방언을 하는 것 같았다. 뜻을 알 수 없는 이상한 말들을 속사포처럼 쏟아내며 "주여! 주여!" 한다. 천사 간수가 근무할 때는 천국이 분명했지만 정신적으로 몹시 혼란스러웠다. 하루는 옆방의 동료가 심한 감기몸살로 잠을 자지 못하고 밤새 끙끙댔다. 그러자 천사 간수가 철창을 따고 들어와 안수기도를 해주는 것 같았다(보이지 않으니 소리로만 짐작할 뿐). 처음엔 점잖게 기도를 하는가 싶더니 이윽고 그분이 오셨는지 큰소리로 방언을 하기 시작한다. 상상해보라, 음험한 안기부 지하감옥에서 한밤중에 울려 퍼지는 방언 소리를!

나는 그때 천국과 지옥이 교차했던 안기부 지하감옥이 결코 우연이 아니라고 본다. 내가 처해 있던 그 상황은 기독교 광신주의와 파시스트 독재에 시달리는 대한민국의 현실을 상징적으로 보여주었다고 생각한다. 그런데 아무리 삭막하고 절망적인 상황 속에서도 기적 같은 순간은 있기 마련이다. 어느 날인가 한 간수가 라디오를 틀어놓았다. 그때 라디오에서 이선희의 〈J에게〉가 흘러나왔다.

"제이~ 난 너를 못 잊어, 제이~ 난 너를 사랑해…."

'아, 정녕 저것이 인간의 목소리인가!' 이선희의 노랫소리는 고문으로 피폐해진 내 영혼을 깊고 부드럽게 어루만져주었다. 그 한순간의 조우(遭遇)로 인해 나는 이선희의 평생 팬이 되었다. 당시에 나는 그 노래의 제목은 물론 이선희가 누구인지도 몰랐다. 기록을 뒤져보니 〈J에게〉는 이선희의 데뷔곡으로, 발표된 지 1년도 채 안 되었을 때였다. 이선희는 2018년 4월 1일 동평양대극장에서 열린 남북평화 협력기원 공연 '봄이 온다'에서 첫 곡으로 〈J에게〉를 불렀다고 하니 이 무슨 역사의 아이러니인지.

지하감방에 누워 고문으로 멍든 몸을 이리저리 주무르며 잠을 청하지만 잠이 잘 안 오는 날이 많았다. 하루는 잠이 안 와 벽에 기대어 자려고 몸을 굴려 벽에 바짝 붙였다. 그런데 벽 하단부에 희미한 낙서 글씨들이 여기저기 보였다.
"뭐지? 누군가 나처럼 잠이 안 와서 간수 몰래 낙서를 한 모양이네."
얼굴을 들이대고 읽어보았다. 놀라웠다. 그저 신세나 한탄하는 내용이 아니었다.
"김일성 장군님 만세, 조선노동당 만세, 남조선 해방" 같은 낙서가 희미한 암각화 그림처럼 여기저기 흩어져 있었다. 낮에 그렇게 고문을 받고 밤에 여기에 내려와 자면서 그런 낙서를 쓰는 사람들의 심정이 무엇일지 오랫동안 궁금했다.
나는 형이 확정된 뒤 대전의 비전향 장기수 사동에서 1년 가까이 살았기 때문에 그분들을 어느 정도 안다고 말할 수 있다. 남파된 공작원인 그들은 자신이 '간첩'이라는 의식이 전혀 없었다. 대신에 '통일 일꾼'이라고 말한다. 통일사업을 하기 위해 내려왔지 간첩 행위를 하러 내려온 게 아니라는 말이다. 왜 그런

의식을 갖게 되었는지는 해방 후 한국현대사를 북한의 시각에서 공부해보면 알 수 있다.

북한은 일제강점기에 항일투쟁을 하던 사람들이 정권을 잡고 나라를 세웠다. 해방 후 한반도에 진주했던 소련군과 미군은 남북 양쪽에 단독정부가 들어선 직후 각자의 나라로 돌아갔다. 그러나 한국전쟁이 터지자 미군은 다시 남한에 돌아온 반면 소련군은 돌아오지 않았다. 맥아더가 압록강까지 쳐들어가자 비로소 중공군이 '항미원조(抗美援朝)'의 기치를 들고 참전한다. 휴전협정 성립 후 중공군은 다시 돌아가지만 미군은 그대로 남한에 주둔한다. 이 과정을 거치면서 북한에게 미국은 한반도 통일을 방해하는 '철천지원수'로, 그리고 남한은 미국의 식민지로 각인된다. 남한의 이승만이 개전 초기에 바로 미군에게 작전권을 이양한 것도 북한의 그러한 판단에 이바지했다. 전쟁은 끝났지만 북한은 남한의 체제 전복을 위해 끊임없이 공작원을 남파했다. 남파 공작원은 베트남전이 한창일 때 최고조에 달한 이후 점차 줄어들다가 1990년대 중반 '중부지역당 사건'을 마지막으로 거의 없어졌다.

한편 남한 독재 정부는 북한의 공작원 남파를 거꾸로 정권유지의 수단으로 이용했다. 정권에 반대하는 인사들에게 간첩 누명을 씌워 사회로부터 영원히 추방했다. 내가 1980년대 중반에 감옥에 들어갔을 때만 해도 한 사동에 조작 간첩이 가득 찼을 정도였다. 당시엔 민주화운동으로 인해 시국사범들로 감옥이 넘쳐날 때인데 독재정권은 그들의 배후에 간첩이 있다는 것을 보여주기 위해 수많은 조작 간첩 사건을 만들어냈다.

나는 남파 공작원의 실체를 비전향 장기수 사동에서야 알게 되지만 사실 1985년 6월 안기부 지하감방의 낙서를 통해 간접적으로나마 마주친 것이다. 낮 동안 그 혹독한 고문을 받고서 밤에 지하감방의 벽에 낙서를 쓰는 남파 공작원의 심정을 헤아리니 분단된 나라에서 태어나 서로 죽이지 못해 안달하는 우리 민족의 비극적 상황에 가슴이 미어져 잠을 이룰 수 없었다.

방송 출연 강요

수사 조서와 피의자 진술서까지 다 마칠 즈음 이 사건과 관련해 방송이 예정되어 있으니 유학생 3명 모두 출연하라고 한다. 나는 아직 수사 중인 사건을 방송에 나가 떠든다는 게 이해가 안 되어 못하겠다고 말했다. 그러자 다른 2명은 이미 출연하기로 약속했는데 나만 빠질 수 없다며 계속 윽박질렀다. 말로 안 되니 수사관 둘이 달라붙어 마구잡이로 두들겨 팬다. 나는 악착같이 버텼다. 방송에 나가느니 차라리 맞아 죽는 게 낫다고 생각했다.

방송에 나가면 부모님은 물론 할아버지 할머니가 다 볼 것이다. 내가 유학 갔다가 돌아오자마자 영문도 모른 채 붙들려 갔는데 갑자기 TV에 나와 간첩이라고 말하면 연로하신 조부모께서 충격으로 돌아가실지도 모른다고 항변했다.

청년기가 될 때까지 4대가 함께 사는 대가족에서 할아버지 할머니의 보살핌 속에 살았기 때문에 그분들에게 충격이 되는 일은 절대로 하고 싶지 않았다. 2년 전 유학을 간다고 온 가족이 김포

공항으로 배웅 나왔을 때 나는 그 많은 인파 속에서 공항 바닥에 엎드려 할아버지께 큰절을 올렸다. 꼭 성공해서 돌아오라며 등을 두드려주셨던 할아버지와 할머니-목이 빠져라 손주의 소식을 기다리고 있는데 정말 그럴 수는 없었다. 내가 그렇게 얻어터지면서도 끝까지 굽히지 않자 수사관들도 어쩔 수 없었는지 포기하고 말았다.

출소 후 MBC-TV에서 〈이제는 말할 수 있다-조국은 나를 스파이라 불렀다〉(2001년 6월 8일 방영)를 통해 당시의 영상을 보았는데 정말 끔찍했다. 영상에 나온 두 친구는 마치 영혼이 털린 사람처럼 주어진 대사를 무표정하게 읊조리고 있었다. 두 친구 모두 안기부에서 두들겨 맞아가며 몇 번이고 대사 외는 연습을 했다고 한다. 이것만 보아도 이 사건이 범죄수사가 아니라 정치적 이벤트였음이 자명하다.

가족 면회

수사가 거의 끝나갈 무렵 갑자기 수사관들이 가족을 만나게 해주겠다며 나를 데리고 나갔다. 사람을 반병신 만들어놓고 가족을 만나게 해주겠다? 보통 남의 자식을 그렇게 해놓으면 미안해서라도 부모를 만나게 하고 싶지 않을 터인데 무슨 배짱인지 모르겠다. 내가 가족을 만나 고문을 받았다고 말해도 좋다는 건가? 자신 있다는 거다. 그만큼 죽여놓았으면 감히 어떤 말도 할 수 없을 것이라고 저들 나름대로 계산서가 나온 거다. 또 하나 있다. 곧 있으면 검찰 조사와 재판이 시작될 것인데 과연 이놈이 가족 앞에서 제 의지대로 말을 할지 어떨지 가늠해보는 기회일 수도 있었다.

그들은 나의 눈에 안대를 채우고 자동차로 5분도 안 되는 거리에 있는 앰버서더 호텔로 데려갔다. 사람들이 많이 오가는 건물이기에 건물 로비를 지날 때는 안대를 풀어주었다. 객실에 들어서니 아내와 부모님이 와 계셨다. 어머니와 아내는 나를 보자마자 울음부터 터뜨렸다. 간단한 안부를 묻는 것 외에 할 말이 없었다. 눈으로 살아 있다는 것을 확인했으면 되었다. 가족 주위로 안기부 수사관 5~6명이 둘러싸고 있는데 무슨 말을 할 수 있으랴. 다만 수사계장이란 작자가 어머니와 첫 대면을 하는 장면에서 "훌륭한 아드님을 두셨습니다!" 하는 인사말이 지금까지 기억에 남아 있다. '흉악한 간첩'을 놓고 '훌륭한 아들'이라니, 아무리 인사치레라도 어이가 없었다.

모의재판

이제 수사를 마무리 지을 때가 다가온 것 같다. 수사관들이 머리를 맞대고 의논을 한다. 구속기소 날짜를 언제로 잡을 것인지 잠시 고민을 하는 것 같다. 법정기한 20일을 넘긴 지 오래되니 날짜 조작하기가 만만치 않은 것이다. 이미 수사는 종료되었지만 정치적 효과를 극대화할 수 있는 날짜를 보고 있었다.

D-Day를 한 1주일 정도 남겨놓고는 계속 반성문을 쓰고 모의

재판을 했다. 수사관 한 명이 판사 역을 하고, 또 한 사람은 검사 역을 맡아 내게 이런저런 질문을 하면 그동안 작성한 진술서를 토대로 답변을 하는 것이다. 마치 전쟁 때 적군을 잡아 총살하기 전에 삽을 던져주고 자기가 묻힐 구덩이를 파라고 시키는 것 같았다. 죽을 줄 뻔히 알면서 제 무덤을 파는 병사의 심정이 바로 그와 같을 것이다.

모의재판을 하면서도 협박하는 것을 잊지 않는다.

"네가 만약 검사나 판사 앞에서 여기서 한 것과 다른 진술을 하면 바로 붙들려 와서 같은 과정을 다시 반복할 거다. 그러니 다른 생각은 아예 꿈도 꾸지 말아라."

협박만 하는 게 아니라 구슬리기도 한다.

"그동안 고생했다. 나도 이런 일을 하고 싶어서 하는 게 아니다. 다 국가를 위해서 하는 일이지. 네가 끝까지 우리 일에 협조해주면 징역 2~3년만 받게 해줄 테니 잘 해보자."

순진하게도 나는 그 말을 믿었다. 워낙에 한 일이 없었으니까. 시국사범 같으면 훈방 감에 지나지 않았다. 그러나, 그러나….

검사는 내게 법정 최고형인 사형을 구형했고 최종적으로 무기징역이 확정되었다. 이와 관련해서 어처구니없는 이야기를 하나 소개한다. 지리한 1심 공판이 끝나고 드디어 검사가 구형하는 날이다. 나는 안기부 수사관이 한 2~3년 살게 해주겠다는 말을 믿고 검찰조사나 재판과정에서 그들의 비위를 거스르지 않으려고 애를 썼다. 그래서 내 머릿속에는 계속 구형이 4년 정도 나올 것으로 예상하고 있었다. 안기부가 엮은 '간첩단 피의자' 15명을 한꺼번에 세워놓고 차례대로 구형하는데 "양동화 사형! 김성만 사형!"이라고 하는 것이었다. 그 순간 나는 '흠, 북에 다녀온 사람에게 4년을 때리면 나는 한 2~3년 나오겠군' 하며 숨을 죽이고 있는데 "황대권, 사형!" 하는 것이었다. '사형'을 '4년'으로 들은 것이다. 그렇게 한 어리석은 중생이 안기부의 밥이 되어 사랑하는 가족과 세상으로부터 격리되고 만다.

검사와 변호사

공안사건에 관한 한 그 당시 대한민국의 사법부는 안기부의 불법 수사를 법적으로 정당화시켜주는 역할에 충실했다. 아무리 그렇다 하더라도 피의자가 법정에서 일관되게 부인하면 그런대로 선방할 수도 있지만 이미 피의자들은 영혼이 탈탈 털린 뒤라 안기부 지하실에서 연습한 모의재판을 답습하는 수준으로 진행되었다.

구치소로 옮겨간 뒤 며칠 뒤에 검찰조사가 시작되었는데 얼마나 주눅이 들었으면 검사가 고문받았느냐고 묻는 말에 "따귀 몇 대" 맞았다고 대답할 정도였다. 검사는 안기부 수사 조서를 읽으면서 "예, 아니오"로만 대답하게 했다. '아니오' 했다가는 다시 안기부로 간다니까 거의 다 시인한다. 이 같은 심리 상태에서 1심 재판을 받으니 진실이 제대로 밝혀질 리가 없다. 더구나 수사했던 안기부 직원들이 방청석에 앉아서 재판과정을 일일이 모니터하기 때문에 피의자는 물론 판사도 자기 의지대로 발언할 수가 없다.

이 모든 과정이 '사기극'에 지나지 않았음을 깨우쳤을 때는 이미 재판이 끝난 뒤였다. 항소하여 아무리 부인해도 들어주지 않았다. 1, 2, 3심의 판결문이 토씨 하나 안 틀리고 똑같은 것만 보아도 공안사건의 재판이 얼마나 엉터리인지 알 수 있다.

무기징역이 확정된 뒤 1심 변호사 이양우 씨가 작별인사를 할 겸 찾아왔다. 그는 법조문에 의하면 그 정도 나온 것도 다행이라며 그래도 자기가 노력해서 사형 나올 것을 무기로 떨어뜨렸다고 자화자찬한다. '멘붕'이란 말은 이럴 때 쓰는 것 같았다. 한 일도 없고, 간첩으로 볼 물적 증거도 하나 없는데 오로지 고문에 의한 진술을 토대로 무기징역을 때리는 현실에 대해서는 한 마디도 없었다. 오직 법의 엄중함만을 탓했다. 감방에 돌아와 생각해보니 열불이 나서 견딜 수 없었다. 그는 절차의 불법성을 따지기보다 아직 학생이니 선처를 바란다며 읍소작전으로 나갔다. 빨치산에게 밥 해주었다고 그 자리에서 총을 쏴 죽이는 나라에서 선처는 어림도 없는 것이었다. 변호사조차 북과 연관되었거나 혹은 좌파적 시각을 가진 것을 대한민국에서는 천형(天刑)으로 생각하고 있었다. 그랬다. 파쇼독재 치하에서는 체제에 반기를 드는 순간 늘 죽음을 각오해야 했다.

곁가지이지만 우리 훌륭하신 검사님 얘기를 조금 해보겠다. 담당 검사가 심문하기 위해 내 이력을 죽 훑어보더니 말한다.
"황대권이, 너 바보 아니냐? 너는 초등학교부터 대학까지 대한민국 최고 엘리트 코스를 밟았는데 이런 엉뚱한 일에 관여하여 신세를 망치냐? 나는 집이 가난해서 검정고시로 고등학교를 나온 뒤 독학으로 고시에 합격하여 검사가 되었는데 너는 참 바보 같은 놈이다."
학벌에 의해 기득권이 보장되는 체제가 싫어서 사회운동에 뛰어들었는데 무슨 바보 같은 소리인지. 그러거나 말거나 사회는 내 학벌을 보고 나를 대하곤 한다. 때때로 그로부터 사소한 혜택을 보기도 하지만 도리가 없다. 이런 이유로 나는 동창회 같은 곳에 일절 나가지 않는다.

언젠가 재판도 없는 날인데 갑자기 법원으로 호출되어 나갔다. 대기실에 앉아 기다리니 낯익은 동창 녀석이 심각한 얼굴을 하고 들어온다. 당시 잘나가던 공안검사였다.
"야, 대권아, 너 그 사상을 도저히 버릴 수 없는 거냐?"
첫인사에 빈정이 상해 대답도 않고 쳐다보기만 했다. 안기부가 찍어서 한번 언론에 발표하면 그대로 범죄자가 되고 마는 대한민국의 현실이 징글징글했다. 사상이 무슨 쇼핑백에 든 물건도 아니고…. 검사란 작자들은 사상적으로나 사회적으로 대한민국에서 가장 안전한 자리에 앉아서 사법경찰이 물어다준 사냥감에 붉은 낙인을 찍어 사회로부터 격리하는 일을 한다. 오랜 세월 이런 일을 거의 기계적으로 하다보니 이들의 정의 의식은 늘 검찰 심문 때의 '예, 아니오' 수준에 머문 채 오로지 권력을 탐하는 괴물이 되어갔다. 독재자는 이런 권력 중독자를 좋아한다. 일단 부려먹기 편하니까.

사건의 재구성

처음에 수사를 받으며 도대체 저들이 어떤 의도와 목적을 가지고 이런 일을 꾸미고 있는지 몹시 궁금했다. 내 개인으로 봐서는 혐의라고 할 게 전혀 없는데 나를 수사실 1번 방에 '모셔놓고' 마치 거물 혁명가를 대하듯 치열하게 심문을 해나갔다. 수사관들이 옆방에서 물고 오는 정보들을 종합해보면 평양에 다녀온 그 친구가 마치 황대권이 귀국하면 엄청난 일이 벌어질 듯이 말했다는 것이다. 그래도 그렇지, 고문에 못 이겨 진술한 것을 가지고 그렇게 심각하게 수사를 할 수 있을까 하는 의문이 들었다. 곧이어 전해진 소식은 함께 유학했던 또 한 친구가 동베를린에 가서 북한 사람을 만나고 왔다는 것이다. 그리고 두 친구의 여행을 서정균 씨가 모두 다리를 놓았다고…. 경악할 노릇이었다. 우리 셋은 미국에서 겨우 몇 개월 함께 교유했을 뿐인데 셋이 다 서정균 씨와 연결이 되어 있는 줄은 모르고 있었다.

그나저나 서정균 씨는 무슨 생각으로 친구들을 저런 사지에 몰았는지 알다가도 모를 일이었다. 지금도 확신하지만 그는 결코 북한의 공작원이 아니다. 그가 공작원이라면 미국 국무부가 서정균 씨의 자녀를 고위급 직원으로 채용하지 않았을 것이다. 이를 이해하려면 1980년대 초반의 시대상황을 알아야 한다. 해외의 민주인사들은 박정희의 철권통치 18년 동안 그 어려운 가운데도 줄기차게 민주화운동을 벌였는데 박정희가 죽자 드디어 새로운 시대가 오는가보다 하고 한껏 부풀어 있었다. 이제 꿈에 그리던 조국 땅에 가볼 수 있다는 절절한 기대였다. 그런데 박정희가 총애하던 전두환 보안사령관이 수천의 자국민을 학살하고 정권을 찬탈한 뒤 더욱 심한 독재를 하자 그만 좌절하고 만다. 당시 상당수의 민주인사는 이미 나이가 일흔 줄을 헤아렸다. 죽기 전에 무언가 조국통일에 도움이 되는 일을 미력이나마 해놓고 싶었다.

이때 많은 수의 민주인사들이 '또 하나의 조국' 북한에 관심을 갖기 시작했고 그것은 해외교포들의 북한방문으로 이어졌다. 바로 이 시점에 우리가 서정균에게 연결된 것이다. 그것도 각자가 알아서. 아마도 서정균 씨는 유학생들로 하여금 북한을 좀 더 알게 해주고 싶었거나 더 나아가 남한의 민주화에 북한이 나름 기여할 수 있을 것으로 생각했는지도 모르겠다.

이 사건은 안기부가 '유학생간첩단'이라고 하나의 조직으로 묶었지 우리는 조직을 만들거나 심지어 논의한 적조차 없다. 그저 각자가 알아서 자기의 목적과 신념에 따라 행동했을 뿐인데 우연히도 서정균이라는 공통분모로 인해 안기부가 조직을 만들어준 것이다. 아니 단 한 번 함께 활동한 일이 있기는 하다. 그 단 한 번의 활동이 사실 이 사건의 시작이기도 했고….

1982년 가을 우리는 일리노이주 마콤에 있는 '웨스턴 일리노이 주립대학'에서 처음 만났다. 그때는 전두환이 처음으로 유학자유화 조치를 내렸을 때라 갑자기 밀려온 유학생들이 학교에 득시글했다. 우리는 그 많은 유학생 사이에서 조국의 정치상황에 관심이 있다는 사실 하나로 금세 친해졌다. 어느 날 우리는 그 대학 한인 교수의 집에서 광주항쟁 비디오를 본다. 말로만 듣던 광주항쟁! 나는 그해 5월 '민주화의 봄'에 했던 역할로 계속 도망 다니다가 가을경에 결국 잡혀서 삼청교육대에 끌려가는 젊은이들 사이에 섞여 10여 일 유치장 신세를 진 적이 있다. '광주항쟁'이 우리나라 민주화운동의 분수령이었던 것처럼 내 개인에게도 새로운 출발점이 되었다. 이전까지가 '낭만적 시위운동'이었다면, 1980년 이후로는 '장기적 관점을 가지고 사회의 구조적 변화를 추구하는 운동'으로 바뀌었다고 할까.

비디오의 충격은 컸다. 바로 엊그제 일인데 이렇게 모른 체하고 살 수는 없다고 생각했다. 우리는 그해 11월에 웨스턴 일리노이 대학의 한 건물에서 유학생들을 붙들어놓고 '광주항쟁 비디오 상영회'를 열었다. 두 번째 보아도 심장이 떨리는 건 마찬가지였다. 상영이 끝나고 한동안 침묵이 이어졌다. 누구도 감히 입을 열 엄두가 나지 않았던 것이다. 안 되겠다 싶어서 내가 침묵을 깨고 울분에 찬 목소리로 외쳤다.
"도대체 이게 어느 나라 군대야? 국민을 보호해야 할 군인이 이래도 되는 건가?"
그러자 뒤쪽에서 군인 머리를 한 건장한 사나이가 성큼성큼 앞으로 나왔다. '한 소령'이라고 불리는 육군본부에서 파견된 유학생이었다. 그는 당시에 우리 국군이 총을 쏠 수밖에 없었던 이유 등을 주저리주저리 변명하였다. 군에 대한 충성심이 너무 강한 건지 아니면 눈치가 없는 건지 그런 자리에서 군을 대변하다니 참으로 어이가 없었다. 그는 참석한 유학생들의 비난과 반박을 온통 뒤집어쓴 채 집회장을 나서야 했다. 그 후로 그가 정기적으로 유학생의 동정을 육군본부에 보고한다는 소문이 나돌았다.

나는 구미유학생간첩단 사건이 당시 한 소령의 보고로부터 시작되었다고 믿는다. 육군본부에 정보가 들어오면 바로 육군보안사로 통보된다. 나중에 재심을 준비하는 과정에서 알게 되었지만 이 사건은 육군보안사가 2년 동안 기획하여 만든 '작품'이다. 그러나 보안사는 군인을 상대하기 때문에 어쩔 수 없이 안기부와 합동으로 사건을 발표하게 된다. 일설에 의하면 보안사와 안기부가 이 사건을 자기 것으로 하려고 전두환 앞에서 멱살을 잡고 싸우는 것을 전두환이 뜯어말리며 합동발표로 하라고 지시했다는 것이다.

수사를 받으면서 내 주변에 프락치가 여럿 있었다는 사실도 알게 되었다. 뉴욕 시절 나와 가장 가깝게 지냈던 친구조차 프락치였다. 그는 한때 내 자취방에 무시로 드나들기도 했는데. 내가 탱자탱자 놀고먹는 유학생이었다면 안기부가 그렇듯 긴장하지 않았을 것이다. 그들은 2년 동안 내 일거수일투족을 감시하고 있었다. 재심을 준비하면서 보안사가 만든 내부용 책자 한 권을 구했는데 제목이 『보안사 10대 업적집』이었다. 놀랍게도 거기에 구미유학생간첩단 사건이 들어 있었다. 허접한 조작 간첩 사건이 아니라 보안사가 스스로 자랑스럽게 생각하는 10대 업적 가운데 하나였다.

이 사건을 보안사가 주도했다는 개인적 증거도 있다. 1983년 겨울 나는 방학을 이용해서 서울을 방문한 일이 있다. 방학이 되면 미국의 시골 대학은 거의 문을 닫아 홀로 온 유학생들은 갈 곳이 없어 다른 도시로 아르바이트를 가거나 여유가 있는 학생들은 고국을 방문하기도 한다. 국내에 돌아와 언더서클을 함께했던 후배들을 만나려 했더니 모두 슬슬 피했다. 뭔가 이상하여 신뢰하는 후배를 불러 어찌 된 영문이냐고 물으니, 한 후배가 군에 입대했다가 '녹화사업'에 걸려 보안대에 끌려갔는데 거기서 "황대권이 간첩"이라는 말을 들었다는 것이다. '녹화사업'이란

1983~1984년 사이 보안사가 운동권 학생을 강제징집해서 갖은 고문과 협박을 통해 그들을 운동권 프락치로 써먹던 사업을 말한다. 유학을 간 지 겨우 1년밖에 지나지 않았고 양동화는 그로부터 6개월 후에 북한을 방문하는데 저들은 이미 그 시점에 나를 간첩으로 꼽아놓고 공작을 펼치고 있었다. 나는 그 말을 듣고 하도 황당하여 무시해버렸지만 결국 간첩이 되고 말았다. 무에서 유를 창조해내는 대한민국 정보부의 능력은 과연 감탄할 만하다.

안기부에서는 이 사건을 초기엔 통혁당재건위 사건 비슷한 것으로 만들려고 했다. 그러려면 수괴로 찍은 황대권이 북한을 방문해야 하는데 아무리 고문을 해도 나오는 게 없자 방향을 학생운동 배후조직으로 몰고 갔다. 따라서 수사의 초점은 평양을 다녀온 양동화와 그의 고교 후배로 전남대학교 민주화투쟁위원회 위원장인 강용주에게 맞추어졌다. 그렇다고 나를 그냥 내보낼 수 없으니까 내가 양동화를 사주하여 평양에 보낸 것으로 만들었다. 당시 운동권 최초의 반미 팸플릿 「예속과 함성」을 만들어 배포한 김성만은 독립적으로 활동한 것으로 만들고. 재판부는 이 사건으로 모두 15명에게 실형을 때렸는데 양동화 밑으로 8명, 김성만 밑으로 4명, 그리고 황대권 달랑 1명이었다.

양이나 김은 나보다 1~2년 먼저 귀국했기에 그리되었지만 나는 귀국하자마자 붙들려갔기 때문에 밑에 아무도 없었다. 안기부는 유학 전 내가 운영했던 의식화 써클인 '올 독서회'를 내 밑에 엮어 넣으려 했지만 유학 기간 동안 실질적 접촉이 거의 없어 포기하고 말았다. 그럼에도 신문에는 황대권이 국내에 들어와 지하혁명조직을 만들기 위해 암약하다가 검거되었다고 기사를 내보냈다.

안기부 지하실에서 수사가 진행되는 모습을 보니 저들이 우리를 붙잡고 흥분할 만하였다. 일단 양동화와 김성만이 북과 접촉을 했고, 양의 후배인 강용주는 전남대 운동권 친구들과 광주 미문화원 타격을 모의하다가 상황이 여의치 않자 도피 중에 잡혔다. 안기부는 간첩단 사건과 아무런 관련이 없는 서울미문화원 점거사건 학생들의 재판에 나를 증인으로 불러내기도 했다. 간첩을 학생들의 법정에 세움으로써 무슨 연관성이라도 있는 양 보이려는 꼼수였다.

전두환 정권은 1985년 여름에서 가을에 이르기까지 요원의 불길처럼 타오르는 학생들의 반미정서를 차단하기 위해 갖은 수단을 다 썼다. 우리가 안기부에서 두 달 동안 수사를 받고 구치소로 이감 간 날짜가 8월 4일인데 나중에 신문을 확인해보니 그다음 날 전두환은 학교에서 데모를 원천적으로 금지하는 '학원안정법'이란 것을 공표하였다. 이 법은 야당과 시민사회단체의 극렬한 반대에 부딪혀 결국 포기하고 만다.

결론적으로 말하면 이 사건은 학생시위의 배후에 간첩이 있다는 인식을 심어주기 위해 조국의 민주화를 염원하는 열혈 유학생들을 '북의 지령을 받는 간첩단'으로 조작한 정치공작이었다.

2부
백살일비 사회
百殺一匪

초토화 작전

칭기즈칸의 후예들이 고속도로도 없는 시절에 아시아 변방에서 유럽까지 통치할 수 있었던 비결 가운데 하나가 '초토화 작전'이었다. 멀리 떨어진 정복지에서 누군가 반역을 꾀했다는 소식이 들리면 몽골의 기병들이 쳐들어가 반역자가 있는 지역 전체를 말 그대로 초토화했다. 부녀자는 물론 어린아이들까지 모조리 죽여버렸다. 이러한 상황에서 어느 누가 감히 역모를 꿈꾸겠는가! 사실 인류는 호모 사피엔스가 네안데르탈인을 제거하고 지상의 패권을 확립한 이후 단 한 순간도 이 전통과 관습에서 벗어난 적이 없다. 현대사회를 풍미하고 있는 민주주의와 인권은 이 야만적인 습속을 가려주는 장식에 불과하다. 그러나 이 정도의 '장식'을 얻어내기까지 인류가 흘린 피는 실로 막대하다. 민주주의와 인권이라는 외피가 자리를 잡은 사회에서는 노골적인 초토화 대신 다양한 변종과 유사행위가 난무한다. 선진국에서 보는 게토나 슬럼가, 이주민 차별 등이 그것이다. 무엇보다 선진국의 집권자들은 자국에서 할 수 없는 초토화 작전을 약소국에 들어가서 유감없이 실천한다. 물론 겉으로는 현지인들의 번영과 평화를 위해서라고 '구라'를 친다.

제2차 세계대전 승리의 주축인 미국이 전장에서 잃은 인명은 대략 40만 명을 조금 웃돈다. 그러나 전후 냉전이 전개되면서 미국이 전 세계를 대상으로 사주한 '공산당 색출 작전'으로 인해 수백만 명의 무고한 인명이 목숨을 잃었다. 1960년대 중반 단 몇 년 동안에 인도네시아에서만 100만 명이 넘는 민간인이 죽어갔다.

학살의 구조는 어느 나라나 비슷했다. 맨 위에 있는 미국이 군사고문단을 파견해 현지인들을 현대식 군대로 조직하고, 그 군대는 군사정권에 반대하는 자국인들을 무자비하게 처단한다. 그런데 정식 군대를 등에 업은 우익 자경단이나 민병대의 학살이 훨씬 끔찍했다. 미국의 처지에서 보면 손도 안 대고 코 푸는 격이다. 당시의 인도네시아 학살을 담은 조슈아 오펜하이머 감독의 다큐멘터리 영화 〈액트 오브 킬링(Act of Killing)〉이나 〈침묵의 시선(The Look of Silence)〉을 보면 그 내용과 참상이 우리와 너무도 흡사하다.

〈침묵의 시선〉에 나오는 가해자들의 인터뷰를 보면 자신의 학살행위를 매우 자랑스럽게 생각하고 있다. 애국자라는 것이다. 심지어 카메라 앞에서 학살의 순간을 재현하기도 한다. 개중에는 학살을 사주한 미국을 원망하는 이도 있다. 이렇게 많이 죽였으면 미국이 보상이라도 줄 것으로 생각했다는 것이다. 하다못해 크루즈 유람이라도 시켜줄 줄 알았다고. 가해자들은 처음엔 자랑스럽게 이야기하다가 학살이 정당했느냐고 물으면 "왜 자꾸 지나간 일을 들추냐? 너도 빨갱이냐?"라며 불쾌해한다. 그런 것 들추고 다니는 놈들이 빨갱이란다. 어마어마한 학살이 있었지만 아무도 그에 대해 말하지 않는 이상한 상태가 지속되고 있었다.

이 침묵으로부터 학살의 동기를 유추해낼 수 있다. 침묵이 지속되는 한 권력은 계속 유지되기 때문이다. 미국은 이념과 무기를 제공하고 그 사회의 주도권을 장악하려는 사회집단이 미국을 등에 업고 학살을 저질렀다. 일단 학살을 통해 집권하고 나면 사회구성원 누구도 그에 대해 말하는 것을 금지한다. 학살과 관련된 '기억'을 '사회적 터부(taboo)'로 만들어버리는 것이다. 누구든지 이 터부를 건드리면 빨갱이로 몰아 처벌하거나 사회적으로 고립시킨다. 끔찍한 고통을 겪었는데 이를 치유하는 대신 억압으로 일관하면 피해자와 그 주변 사람들은 일종의 '외상후스트레스장애(PTSD)' 환자와 같은 상태로 사회생활을 하게 된다.

우리는 일제강점기에 '초토화 작전'을 제대로 맛본다. 1925년 일제는 '치안유지법'을 만들어 사상의 좌우를 떠나 일제의 제국주의 정책에 협조하지 않는 '불온한 조선인(不逞鮮人)'을 탄압했다. 아무래도 당시에는 사회주의 사상을 가진 사람들이 가장 적극적으로 반발하였으므로 이들이 탄압의 주 대상자였다. 그러다가 만주 일대에서 항일무장투쟁이 본격화되자 '공비(共匪)'가 출몰하는 지역을 초토화하는 이른바 '삼광작전(三光作戰, 모두를 죽이고 빼앗고 불태우는 작전)'을 펼친다. 일제는 중국 점령 시기에 삼광작전을 통해 무려 270만 명의 인명을 살상하고 그들이 살던 마을을 불태워버렸다. 이와 동시에 해당 지역에 수많은 밀정을 풀어놓아 체제에 대한 반발을 아예 꿈도 꿀 수 없는 통제사회로 만들어버렸다. 공비 하나를 잡기 위해 100명을 죽이는 '백살일비(百殺一匪)'의 사회는 정확히 일제의 산물이다.

문제는 식민지 권력이 물러간 뒤 신생국의 패권을 장악하는 과정에서 일어났다. 호찌민이라는 탁월한 지도자를 중심으로 똘똘 뭉친 베트남 공산당처럼 상대를 압도하는 집권세력이 있으면 구태여 자국민을 탄압할 이유가 없지만, 집권세력이 취약할 때는 비상한 방법을 동원해야만 했다. 남한의 경우 일제에 협력했던 친일세력들은 재력은 튼튼했지만 집권을 위한 정치적 명분이 취약했다. 이들에게 집권의 날개를 달아준 것이 미군정과 미군정이 내세운 이승만이었다.

해방 직후 미국과 소련이 냉전의 이름으로 전 세계를 놓고 이념대결을 벌이던 특수한 시기에 반공은 절대 신공을 자랑하는 명검이었다. 무엇이든 벨 수 있고 무엇이든 막아낼 수 있었다. 반공이라는 칼만 쥐면 그가 일제 때 밀정을 했든 고등계 순사를 했든 일본군 장교를 했든 아무도 시비를 걸 수 없었다. 점령군으로서 한국에 온 미군정과 이승만은 국내에 아무런 지지기반이 없었다. 이들이 자신의 정책을 실현하고 장차 신생국을 '자유세계'의 일원으로 만들기 위해 선택할 수 있는 세력은 '친일매판세력' 외에 달리 없었고 그것은 적중했다.

그들은 일제강점기 동안 조선총독부가 어떻게 조선 민중을 통치하고 탄압했는지 일제와 협력하면서 그 내부까지 들여다본 사람이다. 그들은 먼저 일제의 '치안유지법'을 '국가보안법'으로 이름을 바꾸고, 일제가 사상범을 탄압하기 위해 실행했던 '예비검속'을 위해 '보도연맹'이란 조직을 만들었다. 해방 직후에는 아무래도 일제에 대한 반감과 울분이 드높던 시기라 사회주의 계열의 사람들이 많았기 때문에 이런 조건에서 집권하려면 무리수일지라도 강력한 정책을 쓰지 않으면 안 되었다.

이승만은 집권 전후하여 수많은 정적을 암살과 테러를 통해 제거했다. 동시에 국가보안법과 보도연맹을 통해 수십 만의 무고한 민간인들을 학살하였다. 이 가운데에서도 정부수립 초기에 있었던 제주도민 학살과 보도연맹 학살만큼은 기억해야 한다. 이승만이 아무리 업적이 많고 대한민국 건국의 아버지라도 두 사건의 희생자와 후손들이 살아 있는 한 그를 인간의 반열에 올려놓아서는 안 된다.

전쟁 시기에 불가피하게 민간인이 희생되는 일은 흔히 볼 수 있는 일이다. 그러나 이 두 사건은 불가피하게 그리된 것이 아니라 의도적으로 학살을 자행한 것이다. 빨갱이가 득시글한 남한사회에서 반공국가를 만들기 위해 어쩔 수 없었다는 변명은 빈대 잡으려고 집에 불을 질렀다는 얘기와 같다. 만약 이 변명을 계속 고집한다면 한국전쟁의 기원과 성격 자체를 수정해야 한다.

이승만은 이 두 사건을 통해 최소 10만에서 30만의 무고한 양민을 학살했다. 백살일비가 아니라 천살, 만살일비다. 제주도에서는 해안가에서 5km 바깥쪽 산간지역 마을을 문자 그대로 초토화했다. 이승만은 제주토벌대에게 "남녀 아동까지 일일이 조사해서 불순분자를 제거하라"라고 명령하였다. 보도연맹(保導聯盟)은 한자에서 보듯 '보호하고 인도한다'는 뜻이다. 해방공간에서 분출된 다양한 좌익 전력의 사람들을 조직하여 반공의 보루로 삼겠다는 뜻으로 만들었다. 그런데 조직을 키우기 위해 가입하면 쌀자루를 나눠주겠다고 선전하는 바람에 사상과 관련 없는 무고한 양민들이 무더기로 가입했다. 이승만은 전쟁이 나자마자 이들이 인민군에 붙을지도 모른다며 대부분을 학살한다!

박정희의 나라

극악무도한 반공정책을 펼쳤던 이승만 독재체제가 학생들의 시위로 무너지고 그동안 억눌렸던 민중의 다양한 정치적 요구가 봇물 터지듯 길거리로 쏟아져 나오자 이에 위기를 느낀 군부가 정치의 전면에 나서게 된다. 일본군 장교 출신 박정희의 시대가 시작된 것이다. 그는 해방 직후 사회주의가 대세임을 간파하고 지역의 명망 있는 공산주의자였던 친형 박상희의 후광으로 남로당 군책이 된다. 그러나 제주 4·3항쟁 토벌대로 임명된 국군 14연대가 여수에서 반란을 일으키면서 정체가 탄로 나자 자신이 알고 있던 군내 좌익인사의 명단을 건네주고 혼자 살아남는다. 박정희의 전 생애를 보면 혹독하리만치 무서운 집권욕을 가진 사람임을 알 수 있다. 잠시의 판단 착오로 실수를 했지만 4·19 직후의 혼란 상태를 기회로 쿠데타에 성공한 뒤 그가 발표한 '혁명공약 제1호'는 "반공을 국시로 한다"였다. 행여나 후견국인 미국과 국민들의 오해를 불식시키려는 조처라고는 하지만 일국의 국가이념으로 '반공'을 내건 것은 참으로 민망하다. 반공은 글자 그대로 '무엇을 반대한다'는 것이지 하나의 이념은 아니기 때문이다.

박정희는 쿠데타 성공 후 적절한 시기에 민간에게 정권을 넘겨주겠다는 혁명공약을 헌신짝 버리듯 차버리고 스스로 대통령이 된다. 그는 자신이 꿈꾸는 대한민국을 만들기 위해 무려 18년을 집권한다. 당연히 혹독한 독재체제였고 정치적 파행도 많았다. 그의 평생의 숙적은 장준하나 김대중이 아니었다. 북한의 김일성이었다. 젊은 시절에는 만주에서 서로 총부리를 겨누며 경쟁을 했고(물론 직접 겨누었다는 것은 아님) 쿠데타 성공 후에는 김일성의 '우리식 사회주의'와 체제경쟁을 했다. 사실 한반도가 세계정치사에서 가장 주목받는 지역이 된 데에는 두 걸출한 '독재자'가 있어 가능했다. 두 지도자는 전쟁의 폐허를 딛고 한쪽은 군사적으로, 다른 한쪽은 경제적으로 세계를 흐령하는 국가를 만들었다. 가히 기적이라 할 만하다. 남과 북은 그들의 사후에 몇 명의 새로운 지도자들이 정권을 계승했지만 기본적으로 "북한은 김일성의 나라"이고 "남한은 박정희의 나라"이다. 어떤 지도자가 나와서 색다른 정책을 들이대어도 그들이 일구어놓은 기본 성격은 변함이 없다. 남한의 경우 야당의 집권 역사가 15년에 이르고 있지만 박정희가 일구어놓은 국가의 성격과 사회체제는 그대로이다. 한마디로 김일성과 박정희는 그 사회의 알파요 오메가이다.

휴전선을 두고 마주한 두 나라가 경제적으로나 사회적으로 20세기 후반기에 지구상에서 가장 급속하게 발전하게 된 것은 기본적으로 두 지도자의 '라이벌 의식'에서 비롯되었다. 폐쇄적 사회주의를 선택한 북한은 적어도 1970년대 초반까지 남한보다 월등히 잘 사는 나라였다. 그러나 폐쇄 사회는 생산력이 일정 정도에 이르면 더 이상 발전할 수가 없다. 자본을 필요 이상으로 증식해야 할 아무런 이유가 없기 때문이다. 북한은 1970년대 이후 사회의 잉여생산력을 모두 군사력에 집중투자한 결과 오늘날, 그것이 뻥이건 아니건 초강대국 미국에게도 큰소리 텅텅 치는 국가가 되었다. 한편 남한은 북한의 군사적 위협을 미국에 맡겨두고 경제발전에 몰빵한 결과 세계 10위권의 경제력을 가진 나라가 되었다. 따라서 남한 경제의 발전에 미국의 역할은 거의 절대적이었다고 해도 지나친 말이 아니다. 미국 덕분에 국방비를 최저선에 묶어두고 미국이 제공하는 시장을 활용하여 경제를 키워왔으니 말이다.

박정희에게는 김일성이 갖지 못한 천재일우의 기회가 있었는데 바로 베트남 전쟁이다. 일본이 패전의 나락에서 허덕이다가 한국 전쟁의 후방기지 역할을 하면서 고도성장의 기틀을 만들었듯이 한국도 베트남 전쟁에 참여하면서 일본과 비슷한 경제적 효과를 얻어냈다. 반면 북한은 이 시기에 미국과 전쟁을 벌이고 있는 공산 베트남을 지원하기 위해 남쪽에 '무장공비'를 무수히 파견하면서 '테러리스트 국가'라는 오명만 뒤집어썼다. 베트남 전쟁을 주도하는 미국과 한국의 시선을 테러 행위를 통해 분산시키자는 의도였다. 이때 일어난 대표적인 사건이 1968년 미국 정보함 '푸에블로호 나포 사건'과 김신조 일당의 '청와대 습격 사건'이다. 박정희는 이 사건을 계기로 '북파공작원'을 대량으로 양성하고 국가 전체를 병영기지화 한다. 학도호국단, 교련교육, 예비군 등이 모두 이때 만들어졌다.

박정희는 자기 생각대로 수출주도 경제발전 계획을 차질 없이 밀어붙였지만, 그 과정에서 노동대중에 대한 초과 착취와 이농으로 인한 농촌경제의 붕괴로 끊임없이 내정 불안의 요소를 안고 있었다. 노동문제는 어용노조를 만들어 대처하면서 탄압 일변도로 밀고 나갔으며, 농촌문제는 '새마을운동'을 일으켜 농민들이 스스로 가난을 극복한다는 신념을 심어주려 애썼다. 노동문제는 끝내 원만히 풀지 못하다가 결국 노조탄압이 빌미가 되어 정권의 붕괴로 이어진다. 1979년 YH노조 탄압과 이를 문제 삼은 야당 총재 김영삼 의원의 제명으로 인해 민심을 잃은 박정희는 그해 가을 자신의 심복 김재규 중앙정보부장에게 무참히 살해되고 만다.

인혁당재건위 사건

박정희는 정권이 불안해질 때마다 공안사건을 만들어 국가보안법으로 처벌하였다. 국가보안법의 원래 취지는 공산주의 활동가들을 처벌하기 위해 만들어졌지만 실제로는 박정희 체제 자체를 반대하거나 사회불안을 일으키는 행위에도 무단히 적용되었다. 박정희 시대에 수많은 공안조작 사건들 가운데 가장 많이 회자되는 것이 1974년에 발표된 '인민혁명당재건위 사건(인혁당재건위 사건)'이다. 이 사건은 주동자로 몰린 8명의 형이 확정되자마자 18시간 만에 전격적으로 사형을 집행함으로써 세계를 놀라게 하였다. 인혁당재건위 사건은 이후로 발표되는 수많은 공안조작사건의 원형으로서도 주의 깊게 들여다볼 만하다. 내가 엮인 '구미유학생간첩단 사건'도 인혁당 사건의 전철을 밟다가 도중에 적당히 얼버무려 만든 조작간첩사건이다.

인혁당재건위 사건의 관계자들은 대부분 '혁신계' 인사들이다. 그들이 정말 사상적으로 사회주의자인지는 확실히 알 수 없다. 다만 그들 대부분이 이승만 박정희 정권 내내 정부에 비판적인 인사였던 점은 분명하다. 조작간첩사건은 아무런 근거도 없이 멀쩡한 사람을 간첩으로 조작하는 경우도 있지만 대규모 간첩단 사건은 북과 어떤 식으로든 연관이 있는 사람을 중심에 놓고 주변 인물들을 어거지로 갖다 붙여 갖은 고문을 통해 간첩단으로 발표하는 경우가 많다.

1964년에 발표된 인혁당 1차 사건 때는 담당 검사 4명이 아무리 뒤져도 혐의를 인정할 만한 구체적 증거를 찾을 수 없자 모두 사표를 내고 만다. 이 사건은 한일협정 반대 여론을 돌리기 위해 급조한 사건이므로 제대로 된 증거가 있을 리가 없었다. 그러자 당시 검찰총장이었던 신직수가 구금 마지막 날 당직 검사를 시켜 무리하게 기소하였고, 결국 피의자들에게 3년 이하의 가벼운 형량이 내려지게 된다.

박정희는 그로부터 정확히 10년 후에 학생들의 유신 반대 운동이 거세어지자 한번 처벌했던 인혁당 관계자들을 다시 불러 '부관참시'를 한다. 이것이 1974년에 발표한 이른바 '인혁당재건위 사건'이다. 거의 같은 시기에 박정희는 이들의 지시를 받고 활동했다는 '전국민주청년학생총연맹 사건(민청학련 사건)'을 발표한다. 정부 발표에 의하면 인혁당재건위의 학원 담당책인 여정남의 지시로 전국 6개 도시의 40여 대학에서 160여 명의 학생이 조직되어 정부 전복을 꾀했다는 것이다.

민청학련 관계자들의 판결을 보면 사형이 7명, 무기징역이 7명, 20년형이 12명이나 되지만 박정희는 이들을 채 1년도 안 되어 모두 풀어주었다. 대신 인혁당 관계자 8명은 형이 선고되자마자 모두 사형시켜버렸다.

박정희의 의도를 정확히 알 수는 없지만 추측건대 단순히 시위를 준비한 학생들에게 사형을 선고한 것은 일종의 '겁주기'가 아니었나 싶다. 국민에게 누구든 "까불면 죽는다"는 공포심을 심어주는 것이다. 일단 겁주기에 성공한 박정희는 학생들에게 관대한 국민대중의 정서를 감안하여 학생들은 풀어주는 대신 그 배후라고 지목한 인혁당 관계자들은 전격적으로 처형한다. 단순 시위운동은 괜찮지만 빨갱이와 연관되면 가차없이 처단한다는 본보기이다. 하지만 이 일련의 사건은 이듬해인 1975년 봄에 서울농대 학생 김상진의 할복 자결을 통해 '박정희 독재 전면거부 투쟁'으로 이어진다. 죽음은 어떻게든 죽음을 불러온다. 인혁당 관계자에 대한 전격 처형의 이유를 비슷한 상황을 겪은 내 처지에서 다음과 같이 추측해보았다.

첫째, 우리는 해방 직후부터 1950년대 중반에 마지막 빨치산이 소탕될 때까지 좌익분자에 대한 무수한 '즉결처분'의 역사를 가지고 있다. 빨갱이로 의심된다는 손가락질 하나만으로 그 자리에서 처형되는 기막힌 일을 하도 겪다보니 즉결처분에 대해 어느 정도 무감각해졌다고 볼 수 있다. 이 공통의 기억과 무감각이 가해자들에게 면죄부를 주고 더 나아가 국가권력의 자리에까지 나갈 수 있도록 방조하지 않았나 싶다. 박정희 자신이 그 현장의 중심을 헤쳐 나온 당사자로서 어쩌면 빨갱이 처단에 관한 한 재판절차 자체도 거추장스럽게 여겼는지 모른다.

둘째, 순진한 학생들을 배후에서 사주하는 빨갱이는 사정이 어찌 되었건 가장 혹독하고 가장 신속한 방식으로 처단한다는 강력한 의지의 표현이다. 학생들은 같은 사형을 받았어도 1년도 안 돼

풀어주고 인혁당 관계자들은 바로 형을 집행해버렸다. 사면권은 대통령의 고유권한이라 하지만 사형 선고 받은 이들을 1년도 안 돼 풀어주는 건 전례가 없다. 이는 1970년대 중반 유신정권을 유지하던 박정희의 심정이 얼마나 초조하고 절박했는지를 상대적으로 보여준다. 바로 전해에 박정희는 김대중을 일본에서 납치하여 현해탄에 던져 죽이려다가 미국의 방해로 실패하는 바람에 국제적으로 개망신을 당한데다 유신에 대한 국민의 반발이 의외로 심각했다. 반면 1972년 박정희가 유신을 선포한 같은 해에 '김일성주의'를 국가지도 이념으로 선포한 북한은 일사불란하게 체제유지를 하고 있는 데 비해 자신의 위치가 너무도 비교되었다.

셋째, 인혁당 사건은 조작의 정도가 너무 심한데다 조작하는 과정에서 행해진 가혹한 고문으로 피의자들의 몸에는 누구라도 확인할 수 있는 상처가 남아 있었다. 1차 인혁당 사건을 만든 당사자인 김형욱 전 중앙정보부장조차 사건을 보고 조작이라고 말했을 정도였다. 이런 피의자들을 오래 데리고 있을수록 불리하다고 생각한 박정희는 조속한 처단을 결심했을 것으로 본다. 일종의 '증거인멸'이다. 실제로 당시에 함께 옥에 갇혔던 '공범'들의 인터뷰를 들어보면 교도소 측은 법원에서 판결이 떨어지기 전에 이미 서대문형무소의 사형집행장을 청소하고 있었다고 한다.

결론적으로 말하면 박정희는 안팎으로 도전받고 있는 유신체제를 유지하기 위해 무고한 시민들을 희생시켜가며 국민 앞에서 '정치쇼'를 벌인 것이다. 이 정치쇼의 구도를 정리하면 다음과 같다.

1. 북한과 연계가 있는 인물(A)을 하나 세운다. 연계가 없으면 가공의 인물을 하나 만든다.
2. A의 주변 인물들을 공범으로 묶어 세운다.
3. 피의자들을 정보기관에 불법구금(길게는 3달)하여 갖은 고문과 협박을 통해 혐의사실을 인정하도록 한다.
4. '간첩' 또는 '간첩단'과 연결이 되는 개인 또는 사회단체를 하부선으로 조작한다.
5. 언론을 동원해 '○○ 간첩단 일망타진'이라는 제목으로 대대적인 홍보를 한다.
6. 여론조작으로 범죄자로 만들어놓고 뒤늦게 형식에 불과한 재판을 통해 형을 확정한다.

두말하면 잔소리지만 이 여섯 단계의 과정은 모조리 불법과 인권침해로 점철되어 있다. 적어도 공안사건에 관한 한 대한민국의 사법당국은 불법 위에 서 있었다고 해도 과언이 아니다. 공안사건 관련자들이 이 여섯 단계를 거쳐 형을 다 살고 나왔다고 해서 자유로운 대한민국 시민이 되는 건 아니다. 교도소 문을 열고 나오는 것은 더 큰 감옥으로 들어가는 것과 같기 때문이다.

먼저 사회로 복귀하면 '보안관찰법'이라는 해괴한 법을 적용하여 출소자의 일거수일투족을 감시한다. 만약 법에 규정된 조항을 따르지 않을 때는 언제든지 기소하여 다시 감옥으로 보낼 수 있다. 그리고 아직 우리 사회는 빨간 딱지가 붙은 전과자를 받아주는 곳이 없어서 사회적 외톨이가 될 수밖에 없다. 당사자뿐 아니라 가족들 역시 보이지 않게 차별받는다. 공식적으로 연좌제가 없어졌지만 내면적으로는 여전히 차별당하고 있다. 공무원의 경우 이유도 없이 승급에서 탈락된다든지, 빨갱이 가족이라면 한 동네에서도 아예 발길을 끊는다. 반공의 나라 대한민국에서는 어떤 형태로든 빨간 딱지가 한번 붙으면 살아도 살아 있는 게 아니다.

보안관찰법

말이 나온 김에 일반인들은 잘 모르는 '보안관찰법'에 대해 잠시 짚고 넘어가야 할 것 같다. 최근에 한국이 코로나바이러스를 잘 막아내었다고 세계로부터 칭찬이 자자한데 나는 뉴스를 접하는 순간 바로 '보안관찰법'을 떠올렸다. 우리는 오랫동안 '빨갱이 바이러스' 감염자를 격리 감시해온 역사가 있어 그런 경험이 없는 다른 나라들로서는 흉내도 내지 못할 노하우를 가지고 있다. 성범죄자에게 전자팔찌를 채우고 바이러스 보균자에게 '자가격리 앱'을 주어 실시간 감시하는 것처럼 공안당국은 사상이 불순한 사람들을 '보안관찰 앱'으로 감시하고픈 마음이 굴뚝같을 것이다.

보안관찰법은 국가보안법과 형법상 내란죄나 반란죄 등으로 3년 이상 형기를 산 이들을 감시하기 위해 만든 법이다. 법이 정한 형벌을 다 살고 나왔는데도 '재범의 위험성'이 있다며 또 다시 감시하는 제도다. 보안관찰 대상자는 거주지, 동거인, 교우관계, 직업, 재산 보유 정도와 수입, 종교 및 사회단체 가입 등에 대해 관할 경찰서에 신고해야 하고, 3개월에 한 번씩 누구를 어디서 만났는지, 어떤 활동을 했는지 등을 보고해야 한다. 또한 이사를 하거나 해외여행을 갈 때도 사전 및 사후 신고를 해야 한다. 이를 위반하면 2년 이하의 징역 또는 100만 원 이하의 벌금에 처할 수 있다. 보안관찰의 갱신은 2년마다 법무부 처분으로 결정되고, 최장 몇 년까지 할 수 있다는 기한이 정해지지 않았기 때문에 무기한 연장될 수 있다.

보안관찰법은 명백한 이중처벌이고 인권침해이지만 대한민국이 북한과 대치 상태에 있다는 이유 하나로 지금까지 존속되고 있는 대표적인 악법이다. 멀쩡한 사람을 간첩으로 조작하여 감옥에 가두고, 형을 다 살았어도 '준법서약서(전향서)'에 도장을 찍지 않으면 석방이 안 된다 하더니 출소해서도 보안관찰법으로 또다시 옭아맨다. 이게 어디 사람 사는 세상일까!

출소 후 처음으로 그들이 보안관찰 하기로 결정했을 때의 이유가 참으로 가소로워 말이 안 나온다. 첫째가 일정한 직업이 없어 불안정한 처지라 무슨 일을 벌일지 알 수 없다는 것이다. 대한민국에서 갓 출소한 간첩에게 직장을 줄 회사가 어디에 있다고 그런 걸 이유로 다는 건지···. 둘째가 이혼하고 혼자 살고 있어 역시 처지가 불안정하단다. 저희들이 무기징역을 때려서 이혼 사유를 제공해놓고 이혼남이라 안 된다니! 셋째가 출소하고도 반성하지 않고 정부를 비판하고 있단다. 그러곤 멀쩡한 사람을 간첩으로 만든 정부를 찬양하고 다니란 말인가? 이처럼 말도 안 되는 이유를 달아 사람을 감시하는 것은 그냥 숨 쉬는 시늉만 하고 살라는 말과 같다.

나는 견디다 못해 2003년에 '보안관찰 처분 면제' 소송을 걸어 승소해서 지금은 자유로운 상태이다. 그 전해에 감옥에서 쓴 편지를 책으로 엮어 낸 『야생초 편지』가 베스트셀러가 되는 바람에 유명 작가를 '재범의 우려'가 있다고 판정하기 곤란했을 것이다. 하지만 비슷한 시기에 '공범'인 강용주도 같은 소송을 제기했으나 패소했다. 같은 사건에 같은 형량을 받은 공범관계인데 한 사람은 승소, 또 한 사람은 패소라니, 도대체 무슨 놈의 법이 이렇게 제멋대로인지!

강용주는 우리 사건 관계자 가운데 유일하게 '준법 서약서'를 쓰지 않고 버티다가 동료들보다 1년 늦게 출소했다. 법무당국으로서는 전향제도를 무용지물로 만든 그가 눈엣가시처럼 보였을 것이다. 이와 관련해 재미있는 일화가 있다. 강용주를 변호한 회사는 강금실 변호사가 대표로 있는 법무법인 지평이었다. 그런데 재판이 끝난 직후에 강금실 씨가 노무현 대통령에 의해 법무장관으로 발탁되었다. 보안관찰법 재판의 원고가 하루아침에 피고가 된 셈이다. 그런데 법무장관 강금실은 패소한 강용주에게 보안관찰 갱신을 허용한다. 강용주는 그동안 세 차례나 검찰에 의해 보안관찰법 위반 혐의로 기소되었다가 2018년에 정식으로 재판을 걸어 무죄판결을 받음으로써 보안관찰법의 굴레에서 벗어났다.

반공 프레임

내가 좀 고지식하기는 하다. 그러나 '빨갱이 생산공장'인 안기부에 붙들려 들어가서 세상이 다 아는 공산주의자를 존경한다고 자랑스럽게 말하는 바보는 아니다. 그만큼 그에 대한 나의 존경심이 깊고 흔들림이 없다고 이해해주었으면 한다. 나는 공교육 12년을 온전히 박정희 치하에서 받은 사람이다. 베트남전이 한창일 때는 학교에서 매일 "맹호부대 용사…" 어쩌구 하는 베트남 파병 찬가를 불러야 했다.

  당연히 호찌민은 머리에 뿔 달린 괴물 아니면 죄 없는 양민을 무자비하게 학살하는 악당쯤으로 각인되어 있었다. 그러나 대학생이 되어 한국근현대사를 공부하면서 조금씩 인식이 바뀌기 시작했다. 그래도 당시엔 아직 베트남 혁명에 관해 찾아볼 수 있는 자료가 별로 없었다. 유학을 가서 제3세계 혁명을 공부하면서 비로소 호찌민이 어떤 인물이고 그가 어떻게 지구상에서 가장 강력한 제국주의 국가들의 침략을 차례로 물리쳤는지 알게 되었다. 베트남만 들여다보고 그에 대한 존경심이 생긴 것이 아니다. 그때까지 있었던 세계 곳곳의 식민지 해방투쟁을 아무리 들여다보아도 호찌민에 견줄 만한 사람은 없었다. 그 해박한 지식과 도덕적 고결함, 성격의 온화함, 청빈한 생활습관, 가난한 민중에 대한 가없는 애정, 어떠한 곤경도 헤쳐 나가는 강인한 의지와 끈기, 그리고 무엇보다도 혼란스러운 정치 현실을 돌파하는 탁월한 리더십….

  그를 칭찬하자면 끝이 없다. 그에 버금가는 정치적 위인으로 남아프리카의 넬슨 만델라와 쿠바의 체 게바라를 꼽곤 하는데 사실 이 두 분의 명성은 서구 지식인들의 열광과 집착에 힘입은 바 크다. 지금은 거의 '성인(saint)급'으로 격상되어 그들의 삶에 대해 누구도 이의를 제기하지 않는다. 재미있는 것이 호찌민이나 만델라나 체 게바라나 모두 공산주의자라는 것이다. 같은 공산주의자이지만 만델라나 체 게바라를 좋아한다고 하면 아무 소리 안 하다가도 호찌민을 좋아한다고 하면 도끼눈을 하고 쳐다본다. 빨갱이라는 것이다.

여기에는 부끄러운 두 가지 역사적 이유가 있다. 하나는 우리가 베트남 파병 당사국이기 때문에 지금까지 베트남이라는 나라를 객관적으로 바라볼 기회가 없었다는 것이다. 근래에 삼성전자가 베트남에 대규모 공장을 건설하고 박항서 축구 감독의 인기가 하늘을 찌를 듯하자 베트남이 친근한 나라로 되었지만 여전히 호찌민만은 접근하기 힘든 인물로 남아 있다. 지금도 극우 시위대는 걸핏하면 광화문에 나가 우리나라가 패망 직전의 월남과 같다며 선동하고 있다.

제2차 세계대전이 끝나자마자 미국은 한반도와 베트남의 남쪽에 친미 신생국가를 세우는데 한쪽은 대박을 터트리고 다른 한쪽은 그야말로 쪽박을 차고 만다. 이 두 나라의 성장과 소멸을 비교 연구하는 것은 매우 흥미로운 일이다. 월남의 역사를 보면 부패한 극우세력의 집권이 공산화에 훨씬 취약하다는 결론을 내릴 수 있다. 그런데 우리는 이것을 거꾸로 알고 있다. 군중 시위가 공산화의 빌미를 준다고…. 당연히 부패한 집권세력을 문제 삼아야 하는데 그에 반발하는 시위대를 빨갱이로 몰아 탄압하는 역사를 반복해왔다. 그런 논리라면 지금 광화문에서 "빨갱이 물러가라"고 외치는 태극기 부대를 빨갱이로 몰아 탄압해도 할 말이 없게 된다. 어찌 되었건 월남의 패망에는 수많은 요인들이 있지만 그 가운데 베트남 민중의 전폭적 지지를 받고 있었던 호찌민의 존재가 결정적이었다고 말할 수 있다.

식민종주국이었던 프랑스를 대신해 베트남에 들어선 미국은 남쪽에 꼭두각시 지도자를 세워놓고 무려 20년 동안이나 전쟁을 벌였으나 비참하게 패배하고 물러서고 간다. 베트남 민중은 물론 미국 국민으로부터도 지지받지 못한 것이 중요한 원인이었다. 미국의 베트남전 패배는 건국 이래 쌓아 올린 전승 신화에 치욕스런 기록을 남겼다. 베트남전을 시작하면서 미국의 닉슨은 "베트남 국민의 진심(Heart & Mind)을 얻어야 한다"고 강조했지만 결국 자신이 말한 진심은 얻지 못했다. 반면에 한국에서는 그 '진심'을 얻은 것 같다. 마음속으로부터 미국을 좋아하는 한국인이 너무도 많은 것을 보면…. 한국인들은 베트남이 스스로 독립국을 이루기 위해 투쟁한 피 맺힌 역사를 보지 못하고 자유 진영의 하나였던 월남 정권을 무너트린 공산주의자 호찌민만을 기억하고 있다.

두 번째 이유는 우리의 인식 속에 깊이 자리 잡은 서구중심주의 또는 서구 의존 경향이다. 예컨대 같은 물건이라도 한국에서는 아무런 관심을 끌지 못하다가 서양에서 인기라고 하면 갑자기 한국에서도 인기를 끄는 경우가 있다. 서양사람들이 좋아하는 공산주의자라면 무언가 합리적이고 대화가 가능한 지성인이라고 생각한다. 반대로 서양사람들, 특히 미국 정치인들이 혐오하거나 조롱하는 공산주의자는 인간 취급도 안 한다. 북한의 김정은이나 캄보디아의 폴 포트, 베네수엘라의 차베스가 대표적이다. 어떻게 보면 우리는 공산주의자를 싫어한 게 아니라 '미국이 싫어하는 것'을 싫어한 것이다. 이를 학문적 용어로 '내면의 식민지화'라고 한다.

"무슨 말도 안 되는 소리! 일본이고 미국이고 상관없이 오로지 내 경험과 내 판단에 비추어보아도 공산주의가 싫은데!"

이렇게 반문하실 분들이 많을 것이다. 많은 사람이 자기 생각이나 판단이 온전히 주체적인 것으로 알고 있다. 하지만 십중팔구는 그 시대의 통념에 의해 자동으로 판단하고 있음을 잘 모르고 있다. 이것을 '프레임(frame)'이라고 한다. 어떤 사안에 대해 특정한 방향으로 생각하고 행동하도록 강제하는 틀 또는 구조를 말한다. 프레임을 벗어나면 사회생활이 굉장히 불편해진다. 여럿이 식당에 가서 다들 곰탕을 시키는데 나 혼자 김치찌개를 시키면 눈총을 받는 이치와 같다. 조리시간도 더 걸리고 식당 주인도 귀찮아 한다. 이런 일이 반복되면 어느 순간엔가 왕따가 되어 있는 자신을 발견하게 된다.

냉전 시기 동안 미국은 전 세계에 반공 프레임을 들씌웠다. 이 프레임에서 벗어나려는 정권은 무슨 수를 써서라도 전복시켰다. 슈퍼파워 미국이 제공하는 프레임이니 믿고 안주하라는 것이다. 어떻게 보면 우리가 '구글신'이라고 부르는 '구글(google)'도 일종의 프레임이다. 모든 정보의 흐름을 구글 운영자가 통제하기 때문에 구글을 사용하는 한 우리는 다른 종류의 정보나 지식에 접근할 수가 없다. 일단 프레임에 갇혀서 거기서 얻는 정보와 가치를 내면화하면 더 이상 구글 또는 미국의 국가전략 운영자들은 앞으로 일어날 일에 대해 걱정할 필요가 없다. 같은 DNA를 가진 일들이 형태를 달리하여 무수히 반복될 뿐이기 때문이다.

1960년대 중반 인도네시아에서 있었던 좌파 소탕전에서 미국의 군사고문단은 인도네시아 공산당에 대한 근거 없는 소문을 퍼트린다.
"빨갱이는 부모·형제도 없다. 이념이 다르면 부모라 할지라도 무자비하게 죽인다."
"빨갱이끼리는 서로 부인을 바꾸어서 잔다."
"빨갱이는 종교를 부정한다."
대체로 이런 말들이다. 이에 격분한 건달 백수들이 무장하고 자기 동족들을 무참히 학살했다. 대략 100만 명이 넘게 이 과정에서 죽었다. 이와 똑같은 일이 냉전이 진행되고 있는 지구 곳곳에서 저질러졌다. 우리의 경우는 동족상잔의 전쟁을 겪으면서 더욱 악화된 형태의 반공 프레임이 지금껏 남아 있다.

문제는 사람들이 공산주의가 무엇인지도 잘 모르면서 입에서 입으로 전해지는 낭설이나 뜬소문, 또는 특정 단어만 듣고 흥분하여 단죄한다는 것이다. 코로나바이러스로 야당이 연일 정부를 비난할 때였다. 한 택시 운전사가 문재인 대통령을 빨갱이라고 마구 비난하기에 왜 그러냐고 했더니 마스크를 '배급제'로 하는 게 공산주의 아니냐고 한다. 그러면 돈 주고 살 거냐고 물으니 대답을 않는다. 그는 공산주의가 뭔지 잘 모른다. 어디선가 주워들은 '배급제=공산주의'라는 말만 듣고 흥분하는 것이다. 그렇다면 사람들이 공산주의가 무엇인지 제대로 알고 나면 이런 비난이 줄어들까?

아닐 것이다. 비난하기로 작정한 사람들에게는 비난할 '건더기'가 중요하지 진실은 중요하지 않다. 인터넷에 들어가면 이런 건더기를 제공하는 동영상이나 기사가 어찌나 많은지 정보 과잉이 오히려 사람을 바보로 만드는 게 아닐까 하는 생각이 든다.

반공 프레임에 갇혀 있는 사람들은 반공 알레르기를 가지고 있는 경우가 많다. 붉은색 근처에만 가도 몸에 두드러기가 나고 기분이 나빠지는 것이다. 백살일비 사회에서 볼 수 있는 일종의 병리현상인데, 정작 당사자는 본인이 환자인 것을 모르고 있어서 문제이다. 붉은색 또는 빨갱이가 문제이지 나는 정상이라고 생각한다. 세상을 살면서 사물을 있는 그대로 보는 게 쉬운 일은 아니다. 눈앞에 있는 사람의 발언 가운데 빨갱이를 연상시키는 단어가 들리면, '흠, 나랑은 다른 언어를 구사하네' 하고 넘어가는 게 아니라 '헛, 빨갱이다! 저놈은 간첩이거나 아니면 주변에 틀림없이 빨갱이가 있을 거야' 하고 단정부터 짓는다. "의심 나면 다시 보고, 수상하면 신고하자" 시절에 갖게 된 반공 알레르기가 작동하는 것이다.

알레르기를 가지고 있는 사람은 알레르기를 일으키는 물질로부터 되도록 멀리 떨어져 살려고 노력하지만 어쩔 수 없이 마주치게 되면 격렬한 반응을 보인다. 첫 반응은 상대방에 대한 비난 또는 공격으로 시작한다. 일이 잘 풀려 상대방을 제압했다는 느낌이 들고 이런 일이 몇 번 반복되면 그는 '반공 투사'로 거듭난다. 반대로 고약한 상대를 만나 오히려 호되게 당하게 되면 좌절(자책)감에 시달린다. 최악의 좌절은 자신이 누군가로부터 빨갱이로 지적당하는 두려움이다. 이를 벗어나는 방법은 더욱 강렬한 공격밖에 없다. 이처럼 반공 알레르기를 가진 사람들은 상대방에 대한 터무니없는 공격과 좌절 사이를 끊임없이 오고 간다. 따라서 지휘부는 이들에게 좌절감에 빠지지 않도록 지속해서 사냥감을 던져주어야 한다. 오직 공격만이 이들을 살아 있게 한다. 진실이나 논리 따위는 애초부터 딴 나라 얘기다. 이 기제는 심리학에서 말하는 '강박 장애'와 매우 흡사하다. 내 앞의 상대방이나 사회가 내 뜻대로 되어 있지 않으면 분노가 치밀어 오르고 공격성이 증가한다. 파시즘 치하에서 살아온 사람들은 이런 증상을 어느 정도 가지고 있다고 보아야 한다. 독재자가 하자는 대로 하지 못하면 늘 처벌이나 피해를 보며 살았으니까.

내가 광화문 언저리에서 만난 태극기 부대원들은 대체로 반공 알레르기를 가진 환자였다. 사회분석가들은 이들이 상대적 박탈감이나 상실감 때문에 길거리에 나왔다고 말하지만 그런 이들은 오히려 소수이다. 많은 이들이 우리 사회의 기득권자이고 사회적으로 안정된 지위와 재산을 가지고 있었다. 이들은 대체로 한국 사회의 고질병인 지독한 가부장 의식, 남성우월주의, 군사문화, 서열의식, 미국 숭배, 타문화에 대한 불관용 등을 공유하고 있었다. 이 많은 병폐를 하나로 꿰어주는 게 반공 프레임이다.

이런 사람들을 광화문에서만 만날 수 있는 게 아니다. 광화문에 나온 이들은 공격성을 주체하지 못하는 사람들이고 대다수 사람은 마치 '무증상 환자'처럼 일상생활을 하고 있다. 앞에서 안기부가 미국에 있는 내 집을 모두 탈취해갔다고 말했는데, 반공 알레르기가 아니었다면 그 짐을 잃어버리지 않을 수도 있었다. 투옥되고 나서 나는 미국에 있던 애엄마에게 내 짐을 모두 미국에 있는 고모에게 맡겨두라고 부탁했으나 고모가 거절했다는 얘기를 들어야 했다. 내가 어렸을 적에 이민을 가서 오래전에 미국 시민이 된 분이 사과 상자 두어 개에 불과한 조카의 짐을 외면하다니! 유학을 가자마자 한 달 가까이 고모 집에서 지내기도 했는데….

빨갱이로 한번 낙인찍히면 어디에도 발붙일 데가 없다. 심지어 직계 가족으로부터도 외면당한다. 출소 후 가족들과 재회의 기쁨을 나눈 후 어느 날 바로 밑의 동생이 진지한 표정으로 말한다. "형이 진짜 빨갱이라면 나는 형에게 총 들고 싸울 거야." 동생은 나 때문에 안기부에 들어가 참고인 진술을 하고 나온 일이 있다. 애엄마도 수감기간 내내 내가 간첩인 줄 알았다고 한다. 정말이지 한때는 어디론가 이민이라도 가고 싶었다. 그런데 출소하고 20년이 흐른 뒤에 재심을 하는데도 여전히 반공 프레임이 살아있는 현실을 보며 다시 한번 절망하지 않을 수 없었다.

내가 기소당할 때 주변의 지인들을 안기부에 불러들여 말도 안되는 참고인 진술서를 받아낸 일이 있다. 그런 허접한 문서들도 나를 간첩으로 모는 데 일조를 한 건 사실이다. 대부분의 참고인들이 재심 법정에 나와 안기부의 강요에 못 이겨 그런 진술을 했다고 증언을 해주었는데 한 친구가 못하겠다고 전해왔다. 남편이 공직에 있어서 그런 법정에 나가는 것 자체가 조심스럽다는 것이다. 내가 절망했던 것은 그 친구의 거부가 아니라 사건이 난

지 35년이 흘러 잘못된 것을 바로잡자는데도 그런 걱정을 해야 하는 우리 사회의 현실이었다. 반공 프레임은 어쩌면 그 수명이 상상 이상으로 길지도 모른다는 생각이 들었다.

반공 프레임이 지속되고 있는 이유

민주화운동의 과정에서 좌익사상을 공부했던 한 젊은이를 빨갱이로 몰아 십수 년 징역을 살리고도 이 사회는 여전히 빨갱이 프레임에서 한 발자국도 벗어나지 못하고 있다. 인터넷에 들어가 정치 관련 기사에 달린 댓글을 보면 사회주의권 몰락 이후 태어난 젊은 세대들조차 입에 담지 못할 빨갱이 욕을 거침없이 내뱉고 있다. 나 같은 사람은 트라우마 때문에 아예 정치 관련 글은 쓰질 않는다. 어쩌다 자기들 생각과 다른 내용의 글이라도 쓰면 가차 없이 빨갱이는 북으로 가라는 댓글이 달린다. 심지어 광화문 네거리에서 시위하는 군중들은 대한민국 대통령과 그 참모들이 다 빨갱이라고 매도한다. 미쳐도 단단히 미쳤다. 냉전이 끝난 지 30년이 흘렀고 인터넷으로 북녘은 물론 공산주의에 관한 모든 정보가 공개되어 있는데도 저런 주장이 난무하는 이 사회를 어떻게 보아야 할까?

공산주의 정권이 탄생하여 안정을 찾기까지 혁명의 이름으로 저질러진 무수한 범죄행위에 대해서는 잘 알려져 있다. 무리한 혁명을 하면 그 정권을 안착시키기 위해 무리한 탄압을 하게 된다. 거의 모든 혁명이 그랬다. 특히 공산주의 혁명은 산업화 단계가 아주 낮은 나라들에서 일어났기에 혁명 권력을 공고히 하기 위해 이념의 '이'자도 모르는 군중들을 선동하여 구체제를 공격했다.

언젠가 본 북한 영화에서 기본계급 출신의 한 공산당원이 토지 몰수에 저항하는 지주집에 쳐들어가 "이게 프롤레타리아 독재 맛을 봐야 알갔어?" 하며 다그치는 장면이 있었다. 영화감독이 풍자의 의미로 대사를 그렇게 썼는지 아니면 계몽 차원에서 그랬는지 모르겠지만 남쪽 출신인 내가 볼 때는 웃음부터 터져 나왔다. 그랬다. 지난 세기 초에서 중반에 걸쳐 일어난 공산주의 혁명에 동원된 군중들 대부분이 공산주의가 무엇인지 잘 알지도 못했다. 그냥 노동자가 주인 되는 세상을 만들려면 반동세력을 때려잡아야 한다는 말만 듣고 총칼을 휘둘렀다. 그렇다고 해서 생산력의 수준이 꼭 의식의 수준과 비례하는 것은 아니다. 70~80년 전보다 생산력이 월등히 높고 시민의식도 비할 바 없이 높아진 인터넷 시대에도 단순한 선동 몇 마디에 사람들이 우르르 몰려다니곤 한다.

요즘 유튜브에 들어가보면 보수세력의 방송이 난리도 아니다. 듣자하니 60대 이상의 노인들이 휴대폰 들고 온종일 그 유튜브 방송을 본다는 것이다. 인내심이 없어서 끝까지 들여다보진 않았지만 맨 빨갱이 타령이다. 포털 사이트에서 클릭 한 번만 해보면 말도 안 되는 소리란 것을 확인할 수 있는데도 방송 시청자들은 오직 그것 하나만 본다. 어찌 보면 개신교 광신도들의 "오직 예수!"와 닮았다. 재미있게도 광화문에 나오는 태극기 부대 군중의 상당수가 '오직 예수'를 외치는 개신교 신자이기도 하다. 요즘 코로나바이러스 문제로 주목받는 신천지 교회를 보면 멀쩡한 직장인이나 학생들이 유치한 교리에 넘어가 반사회적인 행위를 서슴지 않고 한다는 게 신기하기만 하다. 한국만 그런 게 아니다. 일본은 세계 최고의 생산력을 자랑하는 사회이지만 동시에 사이비 종교의 천국이기도 하다.

 생산력은 높아졌는데 의식 수준은 왜 그에 비례하여 높아지지 않는 것일까? 생산력의 핵심은 기술이다. 기술이 발전할수록 사람들은 그 기술로부터 소외된다. 제품이 고도화될수록 사람들은 그 제품의 내용을 알 수 없게 된다. 그저 소비자로서 사용할 뿐이다. 역설적이게도 생산력이 높아질수록 사람들은 그 생산력의 주인이 아니라 노예로 전락한다. 이렇게 되면 생산력의 설계자, 즉 기업가나 엔지니어들의 지배력이 강화되어 소비자를 조종하기가 쉬워진다. 생산력이 매우 높은 사회일지라도 대중은 여전히 누군가에 의해 조종되기 쉬운 존재일 수밖에 없다.

 한국사회가 첨단 정보사회에 진입했어도 여전히 빨갱이 프레임에서 벗어나지 못하는 이유를 내 나름대로 꼽아보면 다음과 같다. 첫째는 물어볼 것도 없이 한국전쟁 트라우마 때문이고, 둘째는 역대 정부가 오랜 세월 북의 침략 기도에 대해 경각심을 고취하는 과정에서 그리 되었으며, 셋째는 집권자들이 빨갱이 프레임을 정권유지 수단으로 악용함으로써, 넷째는 저급한 기독교인들이 선교 논리로 사용함으로써, 다섯째는 장기간의 반공독재 치하에서 공포가 내면화됨으로써, 그리고 마지막으로 공산주의에 대한 잘못된 인식 때문이다. 이를 좀 더 자세히 들여다보자.

한국전쟁 트라우마

이 글을 쓰기 위해 지난 몇 달 동안 한국전쟁과 국가폭력에 관한 문서와 다큐 등을 집중적으로 들여다보았더니 정신병에 걸릴 것 같은 답답증에 휩싸였다. 내 경험만 가지고 그냥 써도 되지만 그래도 혹시 나의 특수한 경험을 일반화하는 오류를 범할까 싶어 다른 이의 경험과 관점을 참조하고자 했는데 결과는 트라우마를 더 악화시킨 것 같다.

나는 전쟁 직후에 태어난 세대라 부모님으로부터 전쟁의 참상을 듣고 또 틀림없이 전쟁에서 비롯되었을 기이한 행동들을 보며 자랐다. 트라우마가 세대 간에 유전된다는 말은 사실인 듯싶다. 다 커서 보니까 내가 부모들의 흉내를 내고 있으니까. 예를 들면 휴지 한 장을 써도 그냥 버리지 않는다. 밥 먹고 입을 닦은 휴지는 잘 접어두었다가 다른 더러운 것을 닦는데 두세 번 더 쓰고서는 버린다. 그러자니 책상 위 한구석에는 늘 쓰고 버린 휴지들이 놓여 있다. 이 행위는 환경운동하고는 아무 상관없이 어렸을 적 부모로부터 보고 배운 것이다. 전쟁 당시 극도의 물자 부족 상태에서는 누구라도 그리했을 것이다. 그러나 물자가 넘쳐나는 시대에도 그러고 있으니까 신세대 젊은이들은 구질구질하다고 뒷소리한다. 대학생이 되어 친구들하고 몰려다닐라치면 어머니는 귀에 못이 박히도록 "절대로 데모하는 근처에 가지 말고, 데모하는 친구는 사귀지도 말라"고 신신당부하셨다. 당신 아들이 데모 선동꾼이라는 것을 말할 수 없어 집에서는 세상에 없는 효자처럼 굴었다. 실제로 어머니는 우리 대권이가 형제들 가운데 젤로 착하고 온순하다고 생각하셨다. 나이 서른에 간첩이 되어 신문에 대문짝만하게 나올 때까지는….

 일제강점기에 태어나신 집안의 어른들은 선거 때마다 늘 여당을 찍었다. 심지어 세상이 바뀌어 야당이 집권당이 되었어도 그들을 찍었다. 어느 정도인가 하면 자식이 옥에 갇혀 있는 동안 10년 넘게 '민가협(민주화운동가족협의회)' 활동을 하셨음에도 2012년 대선에서 박근혜를 찍었다. 박정희 부하가 자식을 무기수로 만들었는데 그 딸을 찍은 것이다! 어떤 이들은 이를 두고 계급에 근거한 선택이라고 말을 하지만 나는 그렇게 보지 않는다. 만약 그렇다면 노동자 밀집지역인 울산에서 재벌의 아들 정몽준은 국회의원이 되어선 안 된다. 나는 일제강점기부터 내려온 국가폭력과 전쟁의 트라우마로 본다. 별 볼일 없는 서민들이 국가폭력과 전쟁으로부터 자신을 지키기 위한 최선의 선택은 폭력을 휘두르는 당사자인 국가 또는 그 권력에 기대는 것이다. 한국 현대사에서 국가폭력의 저주는 빨갱이 또는 빨갱이 근처에 있는 사람들에게 가장 무자비하게 퍼부어졌기 때문에 트라우마를 가지고 있는 구세대가 반공 정당을 찍는 것은 아주 자연스러운 일이었다.

보도연맹 사건을 다룬 구자환 감독의 다큐영화 〈레드 툼(Red Tomb)〉을 보면 인터뷰하는 할머니들이 이승만 대통령을 호칭은커녕 아예 성을 바꾸어 '개승만'이라고 부른다. 얼마나 마음속에 사무쳤으면 그랬을까. 평소에도 그렇게 불렀을 것이다. 우리 같은 지식인 나부랭이들은 아무리 핍박받아도 공개적인 자리에서는 그렇게 말하지 않는다. 기자들은 그런 점잖은 태도를 보고

'고통의 승화'니 어쩌니 하고 기사를 쓰지만 다 개소리다. 미운 건 미운 거다. 트라우마는 그렇게 쉽게 해소되는 것이 아니다. 더구나 이 사회는 감당할 수 없는 트라우마를 남겨놓고 국가 또는 사회 차원에서 치유하려는 노력조차 하지 않았다. 그렇게 짓밟아놓고 사회적으로 고립된 사람을 감시까지 한다. 고 김근태 의원의 부인인 인재근 의원이 이를 시정하기 위해 '고문방지 및 고문 피해자 구제·지원에 관한 법률안'을 2016년에 발의했지만 여지껏 법사위에서 논의조차 못하고 있는 실정이다.

왜 지난 잘못을 인정하고 시정하는 일을 하지 않는가? 왜 사람들은 국가폭력에 의해 희생된 사람들에 대한 보상에 대해서도 그토록 인색한가? 왜 사람들은 한번 찍은 '낙인'을 거둬들이는 일에 그토록 무관심한가?

여기에 답하려면 거창한 사회심리학이 동원되어야 할 것이지만 그냥 생각나는 대로 몇 마디 끄적거려본다. 일단 나는 우리 사회 전체가 안고 있는 '한국전쟁 트라우마'로 뭉뚱그려 진단한다. 이 트라우마는 남북 대치가 지속되는 한 결코 없어지지 않을 것이다. 인혁당재건위 사건을 조작하여 8명이 선고 당일에 사형당한 뒤에 당시 신직수 중앙정보부장은 언론 인터뷰에서 "그들은 분명히 간첩이며 사형 언도가 내려진 이상 언제라도 집행할 수 있다"고 말했다. 대통령은 사형을 지시하고 권력의 제2인자는 당연한 처사라고 당당히 말하는 이 엄청난 '언어폭력' 앞에 국민은 압도되어 아무 말도 하지 못한다. 마치 트라우마가 얼마나 깊어질 수 있는지 실험하는 것 같다.

트라우마를 가진 사람의 가장 큰 특징은 상처 또는 상처를 연상시키는 것 근처에는 가지 않는 것이다. 자라 보고 놀란 가슴이 솥뚜껑 보고 놀란다고, 진짜 빨갱이건 가짜 빨갱이건 아예 접근하지 않는다. 역대 정권들이 체제에 도전하는 민주화운동 관련자도 여차하면 빨갱이로 몰아 처단했기 때문에 부모들은 자식들에게 입버릇처럼 데모하는 데 가지 말라고 귀에 딱지가 붙을 정도로 얘기했다. 이 현상이 바뀌기 시작한 것이 '촛불시위' 때부터이다. 빨갱이와 무관한 압도적 숫자의 시민 대중이 자발적으로 참여한 촛불시위에 반공의 잣대를 들이대는 자체가 우습게 보이는 형국이었으니까.

사태가 이렇게 되자 반공세력들은 시위군중이 아니라 대통령과 집권당이 빨갱이라고 공격하기 시작한다. 집권당이 국민 대중을 선동하여 빨갱이 사회로 만들고 있다는데, 믿고 안 믿고는 개인의 자유라지만 이렇게 터무니없을 수가 없다. 지금의 야당은 쿠데타 세력이 반공을 내세워 급조한 정당이고, 여당인 더불어민주당은 해방 직후 송진우, 김성수 등이 친일지주 세력을 규합해 만든 '한국민주당'이 그 뿌리 아닌가! 반공정당은 정치적 위기 때마다 아무런 원칙 없이 이름을 마구 바꿨지만 현 집권당은 당명을 바꾸더라도 '민주'라는 말은 절대 놓지 않는다. '한국민주당'의 정통성을 계승하고 있기 때문이다.

북의 침략 기도에 대한 경각심 고취

둘이 싸울 때 절대 약한 쪽이 먼저 공격하는 일은 없다. 6·25

전쟁만 보더라도 남한보다 상대적으로 전쟁준비가 잘된 북한이 먼저 전면전을 시도한 건 사실이다. 전쟁이 국제전 양상을 띠다가 휴전으로 중단된 이후 남북 양측은 끊임없이 전력을 강화한 결과 지금은 어느 쪽도 절대 우위를 주장할 수 없는 상황이 되었다. 군사전문가들의 평가에 의하면 북은 재래식 전력이 우월한 대신 남은 현대식 장비와 인프라 및 경제력이 북에 비해 압도적이다. 이 열세를 만회하기 위해 북이 채택한 것이 핵전력이다. 그러나 핵무기는 사용하기에 제약이 매우 많은 자산이다. 더욱이 미국의 핵우산 아래에 있는 한반도에서 북의 핵무기는 기껏해야 협박용 또는 협상용에 지나지 않는다. 핵 단추를 누르는 순간 북한은 지상에서 사라지고 마니까.

흔히들 말하기를 상대방보다 적어도 3배의 전력을 갖추어야 전쟁을 개시할 수 있다고 한다. 그런 점에서 보면 북이 자의적 판단으로 전쟁을 도발할 가능성은 거의 없다고 보아도 무방하다. 지난 몇 년 사이 북이 끊임없이 미사일 또는 장거리포를 쏘아대는 것은 모든 교역과 대화가 단절된 상태에서 무언가 협상의 물꼬를 트기 위한 몸부림이다. 그냥 협상에 나오면 되지 굳이 그런 무력시위 방법을 쓸 필요가 있느냐고 반문할지 모르겠다. 북은 당장에 굶어 죽는 한이 있더라도 자존심 하나만큼은 타의 추종을 불허한다. 북이 미국에게 끊임없이 요구하는 것은 협상자로서의 대등한 지위다. 북한은 미국과 비교하면 무의미할 정도의 핵무기를 보유하고 있지만 핵무기의 상징성에 빗대 대등한 자격을 요구하고 있다. 미국으로서는 자존심이 상하지만 그것이 핵무기가 지닌 정치적 효과이다. 북한이 간헐적으로 미사일을 쏘아대는 것은 한편으로 미사일의 성능을 고도화하면서 미국에게 대등한 입장에서 협상하자고 압박을 가하는 행위이다. 지금까지 미국은 북한이 핵무기를 먼저 포기하면 모든 제재를 풀고 협상에 임하겠다는 태도를 유지해왔으나 무장해제나 다름없는 이 제안을 받아들일 리 없다.

어찌 되었건 북한은 도발처럼 보이는 행위를 계속하고는 있지만 단독으로 전쟁을 수행할 능력도 의지도 별로 없다. 북한이 전쟁 도발을 꿈도 꾸지 못하게 만드는 또 하나의 요인은 매년 정기적으로 치르는 한미합동 군사훈련이다. 일종의 '전쟁연습'이다. 온갖 첨단장비가 다 동원된 20만 명 규모의 군사작전이 실시될 때마다 북한은 전군에 비상을 걸고 하루라도 빨리 작전이 끝나기를 기다린다. 쓸 수도 없는 핵무기 말고 모든 게 열세인 북한에게 한미합동 군사훈련은 그야말로 어마어마한 공포이다.

상황이 이러함에도 남쪽의 언론들은 끊임없이 북의 도발과 침공 가능성을 기사로 내보낸다. 개가 낯선 사람을 보고 짖는 것은 대부분 공포 때문이다. 무서우니까 내게 다가오지 말라는 신호이다. 개의 이런 특성을 모르고 '감히 사람인 내게 짖어?' 하면서 윽박지르면 개도 자기보존 차원에서 이판사판 달려든다. 싸움이 전개되면 어떡하든 사람이 이기겠지만 그 과정에서 원치 않는 피해를 입을 수 있다. 미국이 두려워하는 것이 이것이다. 될 수만 있다면 손 안 대고 코를 풀고 싶지만 잘못하면 월남처럼 될 수도 있다. 북의 도발과 호전성을 과장하며 전쟁불사를 외치는 사람들은 미국의 '손 안 대고 코 푸는' 전략에 놀아나는 것이다.

정권유지 수단으로서의 반공

이승만 초대 대통령으로부터 노태우 군사정권에 이르기까지 정권유지를 위해 그야말로 숱한 간첩 및 용공 조작 사건이 있었다. 그 기록들을 다 모으면 도서관을 하나 차릴 정도로 문서가 풍부하다. 내가 이 항목에서 주목하고 싶은 것은 구체적인 용공 조작 사건이 아니라 국민 개개인에게 그것이 어떻게 영향을 미치고 정권유지로 이어졌느냐 하는 것이다.

지금은 파쇼독재 시절의 야당이 집권당인 상황이라 정권유지가 아니라 정권탈취의 수단으로 반공을 이용하고 있다고 말해야겠다. 그 대표적인 사례가 청와대가 빨갱이 집단이라는 공격이다. 문재인 대통령이 과거 부림사건의 변호를 맡았는데 부림사건의 관계자들이 모두 빨갱이였기 때문에 변호사 문재인도 빨갱이 아니면 용공 분자라는 것, 그리고 문재인 대통령이 비서실장으로 들인 임종석이 과거 '전국대학생대표자협의회(전대협)' 의장이었기 때문에 볼 것 없이 빨갱이라는 것이다. 전대협이나 부림사건이나 모두 민주화운동 과정에서 생겨난 것이다. 그 관계자들이 빨갱이인지 아닌지는 본인들만이 안다. 중요한 것은 우리 사회에 빨갱이를 규정하는 객관적인 잣대가 있느냐는 것이다. 역대 반공 정권에서 체제에 저항하면 무조건 빨갱이로 몰아 처단했는데 그런 기준이라면 민주화 과정 자체를 문제 삼아야 한다. 실제로 《조선일보》를 비롯한 극우세력들은 민주화운동을 용공좌파의 준동 정도로 이해하고 있다.

민주주의 체제에서는 개인의 사상을 문제 삼지 않고 공동체 성원 다수의 의견을 물어 정치체제와 정책을 결정한다. 민주당에 과거 주체사상을 신봉하던 사람들이 일부 섞여 있을 수도 있다고 생각한다. 그러나 과거에 특정 사상을 가졌다고 하여 지금도 그러하리라고 단정하는 것은 억지다. 그것은 마치 임진왜란 당시 선조 임금이 피난지에서 묵[木魚]이라는 생선을 맛있게 먹고 이름이 상스럽다며 은어(銀魚)라고 불렀다가 환궁한 뒤에 다시 먹어보니 맛이 별로라 '도루묵'이라고 불렀다는 옛이야기와 같다. 모든 정보가 차단되어 있던 시절에는 그럴듯해 보였지만 지금은 아니라는 것이다. 과거에 주체사상에 심취했던 사람들을 지금 만나 물어보면 열에 아홉은 그저 옛날 일이라고 쓴웃음을 짓는다. 군사독재 시절에 주체사상은 어쩌면 하나의 '탈출구'였다. 학생들을 막다른 골목으로 몰았던 당시 정권이 문제이지 독재정권에 대항해 치열하게 투쟁했던 학생들을 지금에 와서 반공의 이름으로 매도하는 것은 민주화에 대한 예의가 아니다. 주체사상은 시대의 변화에 따라 한국 정치무대에서 사라졌고 그를 추종했던 사람들은 변신에 변신을 거듭하여 지금 사회 각 분야에서 열심히 살고 있다.

만약 주체사상이 국민 대중에게 받아들여져 북한에 필적하는 '주체의 정부'가 들어섰다면 얘기가 달라졌을 것이다. 그러나 국민은 그들의 민주화 투쟁만을 받아들였지 그들이 지침으로 삼았던 사상은 거들떠보지도 않았다. 결과만 놓고 보면 당시 주체사상은 학생 대중을 결집하고 조직하는 하나의 수단이었다고 볼 수 있다. 당시의 학생들이 나중에 현실정치의 주체가 되고보니 한국

정치문화에 주체사상이 전혀 동화될 수 없음을 깨닫고 모조리 전향한다. 뭐, 학생 때의 일이니 무슨 전향 절차 같은 것도 없었다. 그러나 노동운동 쪽에 흘러 들어간 일부 주사파들이 진보정당을 만들어 국회에까지 진출하자 깜짝 놀란 보수정당들이 야합하여 합법적으로 탄생한 정당을 하루아침에 해체해버리는 폭거를 저지른다. 우리가 모델로 삼는 자유민주주의의 선진국들에는 대부분 공산당이 있고 개중에는 선출된 의원을 가지고 있는 나라도 여럿이다. 프랑스 공산당은 잘나가던 시절에 연립정부 형태로 여당의 지위에 있었던 적도 있고, 일본 공산당은 지금도 원내 제4당의 지위를 점하고 있다.

자유민주주의라고 하면서 좌파정당에 용공 혐의를 뒤집어씌워 해체하는 짓이 과연 정당한 일인지 묻고 싶다. 그들이 해체되는 방법은 오로지 국민의 선택에 달려 있다. 국민이 지지해주지 않으면 당을 유지하고 싶어도 할 수가 없다. 섣부른 발언인지 모르겠으나 나는 오늘날 한국정치판에 북한의 주체사상을 따르는 무리는 없다고 본다. 있다면 같은 동포인 북한을 어떻게 보느냐 하는 태도의 문제가 있을 뿐이다. 북한을 독립된 국가로서 연정의 상대로 보는가 혹은 연정까지는 못하고 그냥 완전히 별개의 다른 국가로 볼 것인가, 혹은 북한지역을 불법적으로 점거하고 있는 불법파괴집단으로 보는가이다. 세 번째의 관점이 지금까지 대한민국이 공식적으로 가지고 있는 관점이다. 누구의 관점이 옳은지 따지지는 않겠다. 다만, 자신과 다른 관점을 가지고 있다고 해서 빨갱이로 모는 일은 옳지 않다는 말만 하고자 한다. 부탁건대 특정 집단의 선동에 휘둘리지 말고 어떤 관점이 국민의 삶을 평온

케 하고 세계평화에 이바지할지를 신중히 생각해봤으면 한다.

　오랫동안 반공을 정권유지의 수단으로 삼다보니 이제는 반공을 이유로 멀쩡한 정당을 해체하는 일까지 서슴없이 저지를 정도가 되었다. 그들은 말한다. 용공 정당을 그대로 두는 것은 국민 세금으로 간첩집단을 양성하는 것과 같다고. 그렇게 자신이 없는가? 세계 정치 현실을 보더라도 1인당 국민소득이 3만 달러가 넘는 나라에서 공산계열 정당이 힘을 쓰는 곳은 한 군데도 없다. 뿐만 아니라 오늘날 노동계급은 마르크스가 말했던 혁명적 계급과는 10만 8,000리 떨어져 있다. 지금은 거대 자본시장을 활성화시키는 거대 소비집단에 불과하다. 현실정치에서 주도권을 잡을 수 없는 노동운동은 결국 집단이기주의에 빠져 '코포라티즘(corporatism, 거대집단 간의 야합에 의해 정치적 이익을 보장받는 일종의 협력구조)'에 안주하고 있다. 한국은 특이하게도 이 구조를 이용해 비정규직 노동자를 양산함으로써 기존의 노동조합을 곤혹스럽게 하고 있다. 이 같은 현실에서 진보정당을 무조건 빨갱이라고 매도할 것이 아니라 남북관계가 원활하지 않을 때 북과의 교섭 카드로 쓸 수 있는 아량 정도는 가져야 하지 않을까? 아니 그보다도 남쪽에 진보정당을 허용하는 것이 북에도 압력이 될 수 있다. 너희도 우리와 말이 통하는 정당 하나쯤은 허용하라는.

저급한 기독교인들에 의해 선교 논리로 사용

　10년 전쯤에 한 출판사가 세계 현대사의 중요 장면을 찍은 사진들을 잔뜩 가져와서 사진 에세이를 한 권 만들자는 제안을 한 적이 있다. 시리즈물이었는데 첫 번째 주자의 책이 잘 안 팔리는 바람에 출판사가 포기하고 말았지만 나는 이미 출간준비를 상당히 진척시킨 뒤였다. '매그넘(magnum)'이라고 세계적으로 유명한 보도 사진작가 그룹에서 찍은 사진들 가운데 작가의 마음에 드는 것을 골라 에세이를 쓰는 것이었다. 나는 수십 장의 사진들을 찬찬히 검토하다가 그 중에 한 장을 들고 깊은 사색에 들어갔다. 언뜻 보기에 사진은 너무도 평범해서 사람들에게 자극을 줄 만한 요소가 전혀 없었다. 그러나 내 눈에는 그 사진이야말로 '지구상에서 가장 위험하고도 섬뜩한 사진'으로 보였다. 기독교 신자인 한 미국 아주머니가 어깨에 '예수천국 불신지옥' 띠를 두르고 막 선교본부로부터 출발하는 장면을 찍은 것이었다. 다른 사진들 다 제쳐놓고 그 사진 하나만 가지고 책을 한 권 쓰고 싶었다. 그만큼 그 사진이 담고 있는 메시지가 크다고 생각했다.

1492년 콜럼버스가 '신대륙'을 '발견'한 이래 조용하기만 했던 지구촌이 갑자기 시끄러워지기 시작했다. 콜롬버스의 '쾌거'에 고무된 탐험가들이 천지사방을 들쑤시고 다닌 후 후원자인 왕과 제후들에게 다음과 같은 보고서를 제출한다.

"그곳엔 짐승 비슷한 인간들이 살고 있으며 온갖 열매와 천연자원들이 넘쳐납니다. 하루빨리 그곳을 정복하여 식민지로 만들어야 합니다. 그리하면 경쟁하고 있는 이곳의 다른 나라들을 따돌리고 폐하의 영향력을 확대할 수 있습니다. 국내에서 문제를 일으키고 있는 불량배나 반역자들을 그리로 보내 영토확장의 첨

병으로 이용하면 일석이조의 효과를 얻을 수 있습니다. 또한 짐승 같은 토인들을 노예로 부리면 노동력도 얼마든지 확보할 수 있습니다. 그들을 말 잘 듣는 일꾼으로 만들려면 반드시 선교사를 파견하여 먼저 '인간'으로 만들어야 합니다."

이렇게 해서 세계자본주의 발전을 위한 초기 자본축적이 마련되고, 기독교의 세계 전파가 본격화된다. 이때까지만 해도 기독교는 서유럽에 한정된 지역 기반의 종고에 지나지 않았다. 그러나 자본주의 세계화와 함께 지구 곳곳으로 퍼져나간 기독교는 지구촌 사람들의 정신세계를 통째로 바꾸어놓는다. 기독교의 이런 성공을 두고 막스 베버라는 유명한 사회학자는 기독교가 본질적으로 자본주의와 궁합이 잘 맞는다는 책까지 썼다. 그러나 19세기에 자본주의의 폐해에 맞서 공산주의가 태동하자 기독교는 많은 신자를 잃으면서 공산주의를 기독교 최대의 적으로 삼게 된다. 공산주의는 자본주의만 비판한 게 아니라 기독교도 그에 못지않게 비판했기 때문이다. 조선공산당 탄생의 주역인 박헌영은 청년 시절 "종교는 인민의 아편"이라는 마르크스의 말을 인용하며 기독교를 원색적으로 비판하는 글을 잡지에 실어 유명해지기도 했다. 신이 아니라 노동계급이 지배하는 세상을 꿈꾸는 공산주의와 유일신이 지배하는 통일세계를 꿈꾸는 기독교는 그때부터 철천지원수가 된다.

기독교 전파는 현대 제국주의 팽창에 맞물려 이루어졌기 때문에 기독교가 들어간 곳에는 당연히 자본주의 문명과 제국주의의 속성이 함께 들어갔다. 한 개인이 받아들인 건 단지 "할렐루야,

아멘" 뿐인데 개인으로선 도저히 감당할 수 없는 자본주의와 제국주의를 함께 받아들여야 했다. 자본주의는 신자가 의지하고 있던 토착 지역경제를 세계시장에 갖다 붙였고, 제국주의는 '강자가 정의'라는 인식을 심어놓았다. 지역의 엘리트와 토착 자산가들은 앞다투어 기독교에 입문했고 기독교는 해당 국가의 자본주의 발전과 함께 번성해갔다. 기독교의 세계적 성공에 대해 많은 학자가 '종교제국주의'라는 용어를 쓰기도 한다. 이 말은 기독교가 종교의 영역을 넘어 정치적 실체를 갖는 집단이 되었다는 뜻이기도 하다.

우리는 지금 한국에서 기독교의 정치적 실천이 어떻게 이루어지고 있는지 서울 광화문에서, 인터넷 댓글에서, 그리고 유튜브 방송에서 쉽게 확인할 수 있다. 그런데 그들의 주장을 들어보면 자꾸 '빨갱이' 생각이 나서 견딜 수가 없다. 이야기 속에 논리는 없고 구호만 있다. 1970년대에 김지하 시인이 쓴 담시 「김흔들 이야기」의 한 구절을 보자.

이봅세 김 동무!
동무는 이제부터
위대한 어버이 수령님과
위대한 조선인민공화국과
위대한 조선로동당에 충성 다하는
위대한 위대한 조선인민해방군 전사로서
위대한 위대한 남조선해방전쟁에 참가,
원쑤 미제를 까부시는 위대한 위대한 위대한 영광을 듬뿍 누리게 되었음메!

"이봅세, 여기 사상!"

사상 한 사발 날라 오고

"이봅세, 여기 노래!"

노래 한 뚝배기 날라 오고

"이봅세, 여기 적개심!"

적개심 한 접시 날라 오고

"이봅세, 여기 규칙!"

규칙 한 종발 날라 와 일반 일탕 일채 일장에 배꼽 벌떡 일어서게 포식한 뒤

"이봅세, 여기 군복!"

군복 입혀지고

"이봅세, 여기 장총!"

장총 쥐여지고

"이봅세 이봅세 이봅세, 전원 행군 준비! 항쟁가 시이이이작!"

이 담시에서 투쟁 대상을 미제에서 빨갱이로만 바꾸면 완벽히 들어맞는다. 혼돈과 무지 속에서 동족끼리 서로 죽이고 죽였던 일이 70년이 흐른 뒤에도 반복되고 있는 현실이 참담하다 못해 허무해지기까지 한다. 오늘날 한국교회를 이렇게 망친 이유는 신자들이 예수님의 삶을 따르기보다 자기가 모시는 목사의 얄팍한 '구라'에 놀아났기 때문이다.

목사들의 구라 가운데 가장 황당한 것은 동남아시아나 공산권 국가들이 가난한 이유가 '하나님'을 믿지 않기 때문이라는 것이

다. 기독교를 믿으면 부자가 된다는 건데 극단의 물신주의와 기복신앙을 부추기는 말이다. 중학교 수준의 지능만 있어도 이것이 말도 안 되는 구라임을 금방 알 수 있지만 '하나님 동창생'인 목사님의 '설교'이기에 무조건 "아멘!"하고 끝이다. 훌륭하신 우리 목사님께서 신앙은 '믿음'이라고 단단히 일러두신 덕이다.

"동성애와 이슬람이 없는 세상을 만듭니다!" 길을 가다보면 가끔 마주치는 기독교 단체의 플래카드다. 시계바늘을 거꾸로 돌려 중세유럽으로 되돌아가자는 건지…. 종교의 자유를 부정하는 사람이 종교를 탄압하는 공산국가를 비난할 자격이 있을까? 자기네는 이슬람 국가에 선교사를 파견하면서 저쪽에서 오는 선교사는 막아야 한다는 건데 이런 일방적 주장을 당연하게 받아들인 곳이 기독교다. 이슬람은 악이고 우리는 선이기 때문에 선악의 싸움에 상호존중 같은 것은 없다는 논리다. 기독교가 지닌 이 지독한 이분법과 배타주의가 그런대로 먹혀드는 것은 압도적 힘을 가지고 있는 제국주의의 비호 때문이다. 제국주의 체제에서는 '강자가 정의'이기 때문에 그런 억지가 통한다.

이미 오래전부터 서구에서는 기독교가 쇠퇴하고 있는데 소득수준이 비슷한 한국에서는 여전히 기독교가 맹위를 떨치고 있는 것을 보고 서구의 종교인들은 의아해 한다. 여기에 대해 미국의 한 연구자가 "한국의 기독교는 사실 샤머니즘의 변형"이라는 의견을 밝힌 바 있다. 일리가 있는 주장이다. 하지만 그 연구자는 기독교의 정치적 측면은 보지 못한 것 같다. 한국은 오랫동안 반공독재에 시달려왔는데 그런 통제된 사회에서 대중의 불만을 해소시

킬 수 있는 통로로 독재자들이 애용하는 것이 소위 3S 정책이다. '3S'는 스포츠(sports), 섹스(sex), 스크린(screen)의 첫 글자를 뜻한다. 나는 여기에 종교를 하나 더 추가하고 싶다.

독재정권은 대중들이 종교에 빠지면 정치에 무관심해지므로 자유로운 종교활동을 적극 옹호한다. 더구나 집단화된 종교세력이 정권의 지지자가 되면 일석이조다. 한국 기독교의 성장은 반공독재와 밀접한 관계가 있다. 한국은 다종교국가이지만 박정희는 자신의 든든한 지원세력으로 기독교를 선택한다. 산속에 틀어박혀 꼬박꼬박 시주돈이나 받아먹으며 산문 밖으로 나오려 하지 않는 불교와 꼴통 신부가 많은데다 바티칸과 연결된 가톨릭은 틀렸고, 일제 때부터 신사참배에 적극 호응했고 건국 초기에 이승만의 반공국가 건설에 앞장선 기독교야말로 믿을 수 있는 집단이었다. 정부가 '북괴의 소행'이라며 큼지막한 사건이라도 하나 발표하면 순식간에 100만 명을 여의도에 불러 모아 '반공구국총궐기대회'를 열어주었다. 확실히 박정희와 반공기독교는 '원-원 관계'였다.

독재자 외에 한국의 반공기독교를 지원하는 또 하나의 강력한 세력이 있다. 이 땅에 반공기독교를 이식한 장본인인 미국이다. 태극기 집회에서 자주 틀어주는 보수적 미국 목사의 동영상이 있다. 문재인은 공산주의자이기 때문에 대한민국이 공산화되지 않으려면 당장 권좌에서 끌어내려야 한다는 내용이다. 광화문 한복판에서 미국 목사가 영어로 대한민국 국민을 선동하는 연설을 듣고 있자니 여기가 미국의 51번째 주인지 아니면 해외 식민지인지 헷갈렸다. 그러거나 말거나 집회에 참가한 대중들은 목사의 선창에 따라 영어로 "Moon Jaein Go!"를 외친다. 여러 차례 태극기 집회를 참관하고 새삼스럽게 확인한 것은 이 나라 수구세력들에게 이론적 토대를 제공하는 곳은 미국에서도 가장 보수적인 기독교 세력이라는 것이다.

조금 전에 샤머니즘과 기독교의 관계를 얘기했으니 글이 좀 길어지더라도 한 마디 덧붙인다. 박정희 통치이념의 뿌리는 일본제국주의이다. 일본 통치자들은 메이지 유신 이후 샤머니즘의 일종인 일본 신도(神道)를 국민총화의 수단으로 이용했다. 원래 샤머니즘의 신들은 평등하다. 그런데 그들은 천황을 모든 잡신 가운데 최고 자리에 올려놓고 일본 전국에 있는 신사를 서열화하였다. 자연히 신도를 따르는 일본의 백성들은 천황의 신민이 되고 그것을 현대적 용어인 '국민(國民)'으로 불렀다. 일본이 태평양전쟁 때 미국에 항복 대신 옥쇄(玉碎), 즉 죽음을 택한 것은 그것이 인간의 명령이 아니라 신의 명령이었기 때문에 가능했다. 종교적 광신을 정치에 악용한 사례이다.

박정희는 일본의 이런 시스템이 부러웠을 것이다. 그는 샤머니즘 속성을 가지고 있는 반공기독교를 정치에 이용했다. 일본이 신정일치(神政一致)를 통해 제국주의로 나간 것처럼 박정희도 사람들의 종교적 심성을 이용해 부강한 나라를 만들고 싶었던 것이다. 그에게 불교는 '호국(護國) 불교'였고 기독교는 '구국(救國) 기독교'였다. 종신 대통령을 꿈꾸던 박정희는 부하에 의해 살해되었지만 반공국가에서 그와 함께 동고동락했던 사람들의 심장에는 신으로 남아 있다. 청와대 앞에서 구국결사대를 만들어 "함께 죽자"고 선동하는 전광훈 목사의 행위에 일제 말기의 '옥쇄'와 박정희의 '구국 신앙'이 오버랩되는 것은 나만의 감상일까. 이 모든 게 파시즘 체제가 만든 블랙코미디이다. 기독교는 이제라도 폐쇄적 반공 프레임을 벗어던지고 열린사회에 맞는 포용성과 상식을 회복해야 한다.

공포의 내면화

이 땅에서 반공독재가 계속되고 있을 때 아무리 황당한 조작간첩사건이 발표되어도 누구 하나 의문을 제기하는 이가 없었다. 통제된 사회에서 사건의 진상을 알 수도 없었거니와 설사 안다 하여도 감히 이의를 제기할 수 없었다. 공포가 내면화되어 있었기 때문이다.

내가 연루된 구미유학생간첩단 사건의 경우 사건의 진상을 알기까지 정말 오랜 세월이 흘렀다. 무려 15명이 실형을 받고 11명이 징역을 살았지만 공범은 한 공간에 두지 않는다는 원칙으로 인해 서로 간에 아귀를 맞춰볼 수가 없었다. 어떻게 하여 이 사건이 만들어졌고 과연 함께 묶여 들어온 11명은 '공범'이 맞는지, 공소장에 적힌 다른 친구들의 '범죄행위'란 게 사실인지 어떤지 알 수가 없었다. 독방에 갇혀 지낸 13년 2개월 동안 모든 의문은 동결된 채로 있었다. 출소 후에드 뿔뿔이 흩어져 각자도생하기 바빠서 물어보지 못했다. 그보다도 사건을 떠올리는 것 자체가 끔찍하여 누구도 물어볼 엄두가 나질 않았다. 그러다가 무려 30년 만에 재심 때문에 한자리에 모인 '공범'들이 저간의 일들을 서로 나누면서 사건의 진상을 어렴풋이나마 알게 되었다. 재심을 준비하면서 저들이 얼마나 꼼꼼히 조작하고 사람들이 진실에 접근할 수 없도록 철저히 막아놓았는지 혀가 내둘러질 지경이었다.

공포라는 것이 단순히 겁을 준다고 해서 생기는 것이 아니다. 한번 걸려들면 아예 인생을 종치게 만들기 때문에 공포이다. 사건의 내용을 떠나 빨갱이라는 함정에 한번 걸려들면 어떻게 되는지 똑똑히 보게 된다. 공포의 카르텔이 사람들 사이에 형성되고 모든 사회행위는 '빨갱이 청정지역'에서 이루어진다. 억울하게 당한 사람이라도 이런 분위기에서는 침묵을 지킬 수밖에 없다. 용기를 내어 고문을 받았네 사건이 조작됐네 하고 떠들면 언론을 동원해 "빨갱이들의 상투적 수법"이라고 매도한다. 공포는 강화되고 침묵은 더욱 깊어진다.

재능 있고 부지런한 한국인들이 세계를 무대로 화려한 성공을 뽐내면 온 나라가 기쁨에 들떠 잔치판을 벌이곤 한다. 보수언론과 정치인들은 자기들이 빨갱이와 그를 용인하는 운동권 세력을 철저히 틀어막았기 때문에 이런 발전이 가능했다고 우회적으로 자랑한다. 동시에 운동권 인사들의 사소한 약점들을 침소봉대하여 "운동권=반사회적 비도덕적 집단"으로 만들어버린다. 그들의 궁극적 목적은 이 사회를 빨갱이와 운동권이 없는 청정지역으로 만들어 대대손손 자신들의 기득권을 지속시키는 것이다. 이 모든 전략의 중심에 '공포의 내면화'가 자리하고 있다.

나는 재심을 하면서 사람들의 내면에 공포가 얼마나 깊이 박혀 있는지 다시 한번 절감하였다. 먼저 재심을 청구한 당사자들이다. 이들은 재판정에 제출할 문서를 작성하기 위해 과거의 공소기록을 다시 꼼꼼히 살펴봐야 했는데 그 과정에서 하나같이 악몽과 두통에 시달렸다고 한다. 과거의 상처를 건드리면 감정 상태가 극도로 불안해지는 '외상후스트레스장애' 때문이다. 고문받은 것을 증명하기 위해 옛날 기록을 뒤지고 법정에서 증언하는 것 자체가 또 다른 고문이었다. 청년 시절에 닥친 불행으로 인해 환갑이 되도록 마치 투명인간처럼 살았는데 끝끝내 이 사회에서 받아들여지지 않으면 어쩌나 하는 공포로 잠을 이루지 못했다.

그런데 안기부에 붙들려 와 피의자에 대해 진술만 했던 참고인들이 피의자보다 더 공포에 짓눌려 살았다는 것을 알고 깜짝 놀랐다. 왜 그랬을까 하고 곰곰이 생각해보았다. 사실 피의자들은 실형을 받고 감옥 안에서 모든 것들을 포기한 채 나름 해탈한 구도자처럼 살았다. 구도자까지는 아니더라도 아무튼 세상의 이목과 상관없이 독방에 앉아 오로지 자기 자신만을 들여다보며 살았다. 그러나 참고인들은 몸은 세상에 있는데 마음은 감옥에 갇힌 동료들과 함께하고 있으니, 더구나 자신의 불리한 진술로 인해 꼼짝없이 엮여 들어갔다는 자책감 등으로 훨씬 괴로웠을 것이다. 자신이 감옥에 있는 동료와 함께했던 일들이 빨갱이의 그것이었다고 사회적으로 단죄를 받았기 때문에 몸은 세상에 있지만 어디에도 마음 둘 곳이 없었다. 그리고 안기부에 다녀온 이상 모든 신상이 노출되어 있어 여차하면 다시 붙들려 갈 수 있으므로 '수상한 짓'은 꿈도 꿀 수 없었다.

실제로 참고인으로 법정에 나온 한 후배를 30여 년 만에 만나 저간의 인생 역정을 듣고 나는 꺼이꺼이 울고 말았다. 징역 살고 나온 나는 마치 냉동실에 있다 나온 것처럼 멀쩡했지만 그 후배는 그야말로 삶 자체가 망가졌다. 적당한 단어를 찾지 못해 그냥 '망가졌다'고 썼지만 사실은 그 이상의 표현을 쓰고 싶었다. 문제는 이런 불행에 대해 누구도 동정하거나 위로하지 않는다는 것이다. 빨갱이 근처에서 놀다가 그런 꼴을 당했지 하며 한심한 듯 쳐다볼 뿐이다.

내면화된 공포는 타인에 대한 극도의 무관심으로 이어진다. 행여 남의 불행으로부터 좋지 않은 영향을 받을까봐 아예 관심을 꺼버린다. 날마다 뉴스에서 흉흉한 사건이 넘실대도 '나만 혹은 내 자식만 아니면' 오케이다. 세상은 원래 그런 곳이고 나만 잘하면 된다는 신념이 점점 깊어진다. 독재자의 통치가 장기화되는 토양이 완성되는 것이다.

이 상황을 잘 묘사한 독일 루터교 목사 마르틴 니묄러의 유명한 글이 있다. 독재자 히틀러에 저항하다가 다하우 수용소에 갇혀 있을 때 지은 것으로 보이는 이 글은 인권운동가들 사이에서는 너무도 유명하지만 여기에 다시 인용한다.

그들이 처음 공산주의자들을 덮쳤을 때
나는 침묵했다
나는 공산주의자가 아니었기에

그 다음에 그들이 사회민주당원들을 덮쳤을 때
나는 침묵했다
나는 사회민주당원이 아니었기에

그 다음에 그들이 노동조합원들을 덮쳤을 때
나는 침묵했다
나는 노동조합원이 아니었기에

그 다음에 그들이 유대인을 덮쳤을 때
나는 침묵했다
나는 유대인이 아니었기에

그들이 나에게 왔을 때
그때는 더 이상 나를 위해
말해줄 이가 아무도 없었다

공산주의에 대한 폄훼와 왜곡

반공의식에 투철한 한국인들은 공산주의에 대해 중립적인 태도만 보여도 거부반응을 일으키곤 한다. 이유 여하를 막론하고 공산당은 무조건 나빠야 한다. 그러나 이제 세월도 많이 흘렀고 공산주의 혁명이 현실적으로 불가능한 시대이니만큼 객관적 팩트만큼은 제대로 알고 비판을 해야 할 것이다. 우리는 '공산당'하면 먼저 무자비한 학살을 떠올린다. 학살은 대체로 혁명이나 전쟁 같은 특별한 상황에서 벌어지는데 우리는 동족끼리 전쟁을 치르면서 세계사에 유례가 없는 상호 학살을 저질렀다.

그동안 독재정권은 공산당이 나쁘다는 것을 강조하기 위해 저쪽의 학살 행위만을 가르쳐왔다. 사실은 전쟁 기간 인민군과 빨치산에 의해 학살된 양민의 숫자보다 국군과 민간토벌대에 의해 학살된 양민의 숫자가 훨씬 많았다. 또한 파견된 무장공비의 숫자에서도 남에서 북으로 보낸 무장공비의 숫자가 더 많았다. 그밖에도 뉴스를 통해 접한 북한의 학살·테러 사건이 대단히 많다. 이들 사건은 정부의 일방적 발표 외에 도무지 사실관계를 확인할 방도가 없다.

다행히 10여 년 전부터 일부 용기 있는 저널리스트와 연구자들에 의해 사건의 실체가 어느 정도 밝혀진 것들이 꽤 있다. 대표적인 것으로 아웅산 묘소 테러 사건, 김현희 KAL기 폭파사건, 천안함 폭파 사건, 문세광 저격 사건 등이 있다. 정부는 이 사건들을 모두 '극악무도한 북괴의 만행'으로 발표했다. 만약 이들 사건이 독재정권의 조작극이었다고 말하면 기절할 사람들이 많을 것이다. 예컨대 박정희가 자신의 부인을 국민이 보는 앞에서 죽였다는 것은 상상조차 할 수 없는 일이다. 하지만 조사관의 증언에 의하면 문세광의 총알은 육영수 여사 근처에도 가지 않았다고 하는데 도대체 이걸 어떻게 받아들여야 할지 난감하다. 일방적 발표만 있지 도무지 실체를 알 수 없는 사건들을 역대 독재정권은 정치적 난국을 돌파하는 수단으로 이용했다.

오랫동안 우리 사회는 북이 관련된 사건에 대해 합리적 의심조차도 원천봉쇄하는 태도로 일관하였다. 의심을 제기하는 자는 무조건 빨갱이 또는 종북세력으로 매도하여 사회적으로 매장하려 한다. 나 자신 간첩으로 조작되는 상황을 직접 겪고 나서 지금까지 벌어졌던 사건들을 당시 상황 속에서 되짚어보니 조작의 냄새가 물씬물씬 풍겼다. 국민의 세금으로 운영되는 정보부는 그런 조작을 애국으로 생각하고 있었고 국민은 잘도 속아주었다.

누군가가 '국가는 상상의 공동체'라고 말했다. 나는 여기에 단어 하나를 더 끼워 넣고 싶다. '국가는 상상과 조작의 공동체'라고. 실체가 없지만 사람들은 그러한 공동체가 있는 것처럼 생각하고 거기에 의지하여 세상을 살아간다는 뜻이다. 상상된 공동체의 권력을 장악한 자들은 끊임없이 상징을 조작하여 대중을 자신들의 정치적 의도대로 끌고 다닌다. 오늘도 광화문 네거리에서 빨갱이는 물러가라고 아우성치는 군중들을 내려다보며 음흉한 미소를 짓고 있을 조작의 달인들을 생각하면 오금이 저린다.

학살은 공산당 특유의 정치 행위가 아니다. 어느 시대에나 혁명을 통해 집권하는 과정에서 불가피한 학살 행위가 있었다. 미국도 건국 초기에 아메리칸 원주민에 대한 거의 멸종에 가까운 학살을 통해 백인 중심의 국가를 만들었으며, 영국이나 프랑스 역시 식민지에서 무자비한 학살을 많이도 저질렀다. 백인들의 학살은 주로 유색인종에게 가해진 것이므로 공산당의 학살과 다르다고 말할지 모르겠으나 따져보면 크게 다른 것도 아니다. 자기들이 생각하는 국가건설에 도움이 되지 않는 사람들을 배제했다는 점에서는 같다.

　대부분의 우익 정치 관련 학회나 단체가 공산당을 학살의 '원흉'으로 묘사하는 것은 정치적 선동에 지나지 않는다. 북한의 교과서나 정치 선전물에서 보는 '미제국주의자는 학살자'라는 선동과 같은 맥락이다. 제국주의 국가나 공산당만 학살을 저지른 것은 아니다. 식민지에서 벗어난 제3세계의 신생국에서도 무수한 학살이 저질러졌다. 많은 경우 식민지 종주국의 사주와 방조에 의해 저질러졌다는 점에서 분노를 금할 수 없다. 요약하자면 학살은 반대파를 제거하기 위한 가장 저열한 형태의 정치 행위이지 공산당만의 특징이 아니라는 말이다.

　공산주의(사회주의)에 대한 또 하나의 대표적인 왜곡은 "사회주의를 하면 경제를 망친다"는 것이다. 터무니없는 이야기다. 현대 자본주의국가들은 공산주의의 '계급독재'만 빼고 웬만한 경제정책은 거의 다 받아들였다. 국가가 주도하는 복지정책이나 계획경제, 시장통제, 토지공개념, 기본소득, 공유자본 등이 그렇다. 반면에 사회주의 국가인 중국이나 베트남은 공산당 일당 지배를 남겨두고 자본주의 정책의 거의 모두를 받아들였다. 심지어 토지국유화 정책마저 포기했다.

　다만 쿠바와 북한만은 나라 규모가 워낙 작은데다 특별한 지정학적 지위와 역사로 인해 국제적 고립 속에서 사회주의의 '순수성'을 유지하고 있다. 쿠바와 북한이라는 예외적 경우를 제외하면 오늘날 세계 경제에서 좌우의 구별은 무의미하다. 자국의 복리증진을 위해 필요하다면 어떤 정책도 받아들이는 것이 상식으로 되어 있다. 내가 필요해서 상대 진영의 어떤 정책을 도입한다고 하여 체제 자체가 변하는 것이 아니다. 사정이 이러함에도 사회주의 정책을 채택하면 마치 북한처럼 되는 것인 양 입에 거품을 무는 사람은 바보이거나 아니면 치졸한 선동가에 지나지 않는다.

빨갱이=비국민

해방 이후 지금까지 저질러진 빨갱이에 대한 인권침해의 역사를 보면 "빨갱이는 대한민국 국민이 아니"라고 분명히 말할 수 있다. 우리 헌법에는 이런 차별을 하지 말라고 쓰여 있는데도 국가가 앞장서서 반헌법적 행위를 해왔다. 일제가 천황에게 충성을 표시하지 않는 조선사람들을 '비국민(非國民)'으로 분류했던 것처럼 대한민국에서도 독재정권에 조금이라도 반항하는 사람들은 '비국민'으로 취급했다. 비국민 가운데 특별히 관용이 베풀어지는 부류가 있는데 바로 학생이다. 교육을 중시하는 한국사회의 특이사항이다. 이 때문에 한국현대사의 특이점 돌파는 대개 학생들이 열어나갔다.

학생을 예외로 하면 우리 사회에서는 언제부터인가 비국민의 기본적 인권은 무시해도 좋다는 인식이 알게 모르게 자리 잡아갔다. 빨갱이에게는 고문해도 좋고 빨갱이 가족은 사회적으로 차별받아도 전혀 이상한 일이 아니었다. 그 결과 "붉은색 가까이 가면 패가망신한다"가 한국인의 뇌리에 박힌 인생 지침이 되었다. 문제는 빨갱이에 대한 판정이다.

가장 흔하게 접하는 빨갱이 판별의 기준은 북한 용어를 쓰거나 북의 주장과 같은 말을 하는 경우이다. 예컨대 인민, 동무, 주체, 자주 같은 단어이다. 반공의식에 쩔어 있는 사람이 이 단어를 들으면 바로 돌아서서 신고가 들어간다. 대한민국에서 북한 용어를 마음놓고 쓸 수 있는 사람은 개그맨뿐이다. 남을 웃기거나 북한을 조롱하는 목적이 아니라면 금기어나 다름없다. 구사하는 단어가 풍부할수록 그 사회의 문화수준이 높은 법인데 이념이 다르다는 이유로 전통적으로 쓰던 용어까지 다 금기어로 만들어버렸으니 기가 막힐 노릇이다. 너무 오랫동안 이런 상황이 계속되다보니 어쩌다 분단 전에 발표된 문학작품을 읽다가 '금기어'를 마주치면 '혹시 이 작가가 빨갱이 아닌가?' 하는 생각이 먼저 들 지경이다.

언어라는 것은 오랜 시간 동안 진행된 사회적 소통의 결과물이기 때문에 이제 와서 잘못되었다고 지적해봐야 소용이 없다. 다만 우리가 북한과 평화로운 공존을 원한다면 이제는 그런 용어들에 대해 좀 너그러워질 필요가 있다. 대한민국의 자유민주주의 체제가 그 정도의 단단함과 여유는 가지고 있다고 생각한다. 그리고 공통의 언어를 많이 가질수록 그만큼 통일이 가까워질 수 있다. 남쪽의 드라마나 대중가요가 북한에서 유행하는 것은 좋아라 하면서 북쪽의 것은 단어조차 용납하지 않는다면 상호주의에도 어긋난다.

다음은 북한과 같은 주장을 하는 경우인데, 이게 참 난감하다. 가령 북한에서 "유기농업을 하자"고 주장했다고 하여 남한에서 못하게 하는 건 말이 안 될 것이다. 대개 문제가 되는 건 정치적 주장이다. 지금 세대는 이해가 잘 안 되겠지만 '평화통일'이란 말조차 한때는 금기어였다. 이승만에 맞서 대통령 선거에 나가 평화통일을 외친 죽산 조봉암은 결국 이승만에 의해 죽임을 당했고, 그로부터 몇 년 뒤 역시 평화통일을 논설로 실은 《민족일보》 사장 조용수도 박정희에 의해 사형당했다. 이유는 북한과 같은 주장이라는 것이다. 이런 일을 겪은 뒤 남한에서는 자신이 어떤 주장을 할 때 혹시 북한에서 같은 주장을 하고 있는지를 반드시 확인해야 했다. 심지어 내 주장을 북한이 뒤늦게 반기는 것조차 불안하게 생각할 정도이다. '구미유학생간첩단 사건' 관계자들이 빨갱이로 매도된 이유도 북한처럼 미국과 제국주의를 반대했기 때문이다. 사실 한국에서 반미와 반제는 빨갱이로 오인되는 가장 핵심적인 주장이다. 이에 대해서는 좀 설명이 필요하다.

우리에게 미국은 조선시대 사대부가 중국 명나라를 생각하는 것 이상이었다. 반공 정권 아래서 반미 또는 반제국주의 주장을 펼치는 사람은 이유 여하를 막론하고 빨갱이로 간주하였다. 술 마시고 실수로 그랬건 장난치다가 그랬건 지식인끼리 논쟁하다 그랬건 '묻지도 따지지도 않고' 빨갱이로 내몰렸다. 오죽하면 '막걸리 반공법'이란 말이 유행했을까. 그러다가 김대중 정권 이후 발언의 배경을 따져보아 북한을 의도적으로 찬양하기 위한 것이 아니면 문제 삼지 않게 되었다. '햇볕 정책'을 비롯해 이런 일련의 변화들로 인해 극우세력은 김대중 대통령을 빨갱이로 보고 있다.

　반미나 반제국주의는 공산주의자도 민족주의자도 심지어 극우 파시스트도 주장할 수 있다. 제3세계 독립투쟁 과정에서 공산주의자와 민족주의자들은 거의 모두 반미와 반제의 위치에 서 있었다. 그러나 구 유럽의 식민지에서는 미국이 자기네 영향력을 확대하기 위해 해방투쟁을 지원하기도 했다. 대표적으로 이라크의 사담 후세인이 그렇다. 후세인은 이란의 팽창을 저지하기 위해 미국이 지원하여 키운 인물이지만 나중에 힘이 강해지면서 반미 성향을 보이자 결국 전쟁을 일으켜 제거하고 만다. 박정희도 비슷한 사례에 속한다. 그런데 극우세력도 반미 반제 입장을 고수하는 경우가 있다.
　일본은 자신이 제국주의 국가이면서 '반미'와 '반(서구)제국주의' 기치를 내걸고 전쟁을 벌였다. 이 때문에 서구의 식민지였던 아시아 지역의 독립운동가들은 적잖은 혼란을 겪어야만 했다. 적으로써 적을 치는 이이제이(以夷制夷) 상황에서 잠시 일본에 기대었다가 일본 패망 후 곤욕을 치렀다. 제국주의 국가끼리 싸울 때 이기는 쪽에 붙어야 하는데 전쟁 중에 그 판단이 쉽지 않았다. 예컨대 영국의 통치 아래 있었던 인도군의 일부가 인도 독립을 열망하며 일본에 붙었다가 일본이 패망하면서 참여했던 군인 거의 전부가 몰살당한 사례가 대표적이다. 한국 임시정부의 광복군은 이기는 쪽에 붙었음에도 종전 후 아무것도 얻어내지 못했다. 급변하는 정세 속에서 어떤 입장을 내세우려면 고도의 정치적 판단능력과 지혜가 필요하다. 현대 세계정치사에서 '반미' 또는 '반제국주의' 입장을 표명하는 것은 목숨을 건 행위였다. 빨갱이로 몰려 죽기도 하고, 그냥 정적으로 몰려 죽기도 했다.

한국의 반미는 1945년 9월 8일 최초의 미군이 인천항에 도착하는 순간부터 싹트기 시작하였으나 해방 직후의 혼란과 국내 정파 간의 극심한 다툼으로 사회적 이슈가 되지는 않았다. 다만 미군이 일제를 대신한 점령군이라는 인식, 잇단 민중항쟁에 대한 미군정의 태도 등으로 점점 미국에 대한 반감이 자라고 있었다. 그러다가 한국전쟁에서 거의 공산화될 뻔한 것을 미국이 구해줌으로써 이후 남한은 반미의 무풍지대로 남게 된다. 그러나 1980년 광주학살 당시 군작전권을 쥐고 있던 미국의 역할을 지적하는 사람들이 점점 늘어나면서 1982년 '부산 미문화원 방화 사건'이 터진다. 이 사건은 최초의 본격적인 반미운동으로서 전두환 정권이 얼마나 놀랐으면 주동자에게 사형을 선고한다. 그래도 운동권의 주류는 여전히 반독재 투쟁에 머물러 있었다.

1984년 구미유학생간첩단 사건 관련자들이 투쟁의 방향을 '반독재 투쟁'에서 '반미 투쟁'으로 바꾸어야 함을 역설하는 「예속과 함성」을 발표할 무렵 운동의 주류가 바뀌는 조짐을 보이다가 1985년 대학생 73명이 '서울 미문화원 점거 농성'을 벌인다. 이 때 「예속과 함성」을 만든 김성만 등은 서울 미문화원 점거 농성을 지지하는 유인물을 만들다가 모조리 검거되고 여기에 평양을 다녀온 양동화와 전남대 운동권 학생들을 한데 엮어 '구미유학생 간첩단 사건'이 만들어진다. 이후 1986년부터 약 10년간 반미와 반제를 내건 '주사파(주체사상을 지도이념으로 하는 정파)' 전성시대가 전개된다. 학생들 사이에 퍼져가던 탄미는 2002년 경기도 양주에서 군사훈련 중이던 미군 장갑차에 어린 여중생 둘이 깔려 죽는 사건을 계기로 국민 대중 사이에도 널리 퍼진다. 2002년 12월 14일 시청 앞 광장에서 열린 '10만 범국민 평화 대행진'은 건국 이래 최대 규모의 반미시위이자 촛불집회의 원형이 된다. 이 사건 이후로 오만방자했던 주한미군의 태도가 조심스러워진다. 그러다가 2003년 북한의 1차 핵실험 이후 한미 공조가 강화되면서 남한 사회의 반미운동은 급격히 퇴조하게 된다.

아주 간략하게 굵직한 사건 중심으로 반미운동을 정리했는데 과연 이 운동에 참여했던 사람들을 '빨갱이'로 보아야 하는가 하는 문제가 남는다. 1986년에 주사파가 성립되기 전까지의 인물들은 엄밀히 말해 빨갱이로 분류하기 힘들다. 그들은 좌익이념의 전파보다 한국의 운명을 손아귀에 쥐고 있는 미국의 정체성을 폭로하는 데 더 관심이 있었다. 실제로 그 당시 사건 주인공들의 생의 궤적을 보면 빨갱이와는 아무런 상관이 없다. 주사파 역시 좌경화된 민족주의자이지 빨갱이로 분류하기 힘들다. 물론 극우의 관점에서 보면 위에 언급된 모두가 다 빨갱이이지만, 내가 이 글을 쓰는 목적이 극우가 아니라 중도의 관점에서 빨갱이 논쟁을 정리하자는 것이기 때문에 이런 구차한 설명을 하는 것이다. 그렇다면 상당히 좌경화되었고 심지어 북한의 지도이념을 추종하는 무리가 학생운동의 주류를 이루었음에도 한국사회는 왜 좌경화되지 않았을까?

첫째, 학생 시절의 사상은 아직 형성 과정에 있는 것이라서 시대의 변화에 따라 얼마든지 변할 수 있다. 나이가 들어 세상에 대한 경험이 깊어지면 자연스럽게 학생 때와는 다른 가치기준과 세계관이 눈에 들어오기 마련이다.

둘째, 87년 민주화대투쟁(6월 항쟁)의 구심력이 좌파건 우파건 거의 모든 운동 정파들을 흡수해버림으로써 이후 시민 대중이 주도하는 민주화운동이 확고히 자리 잡는다.

셋째, 80~90년대의 경제성장 고도화에 따른 생활수준의 향상이 이념보다는 물질에 더 관심을 두게 했다.

넷째, 89~90년 사이에 이루어진 공산주의 블록의 몰락은 좌파 운동권에게 기댈 언덕을 없애버리는 효과를 가져왔다.

이러한 이유로 해서 한때 좌경화되었던 한국의 운동권은 '민주주의 대투쟁'이라는 큰 흐름에 합류되어 각자의 자리에서 생활화되고 세밀화되다가 2016년 촛불혁명을 통해 다시 한번 활짝 피어난다. 촛불혁명 이후로는 '운동권'이라는 이름이 사라지고 각자가 알아서 사회발전에 이바지하는 '깨어 있는 시민' '깨어 있는 주민' '깨어 있는 백성'이 된다. '한국의 간디'라 불리는 함석헌 옹이 잡지 『사상계』에 발표한 「생각하는 백성이라야 산다」가 58년 만에 실현된 것이다.

박정희 파시즘의 완성과 비국민 배제하기

해방 후 한국 독재정치는 정치학적으로 '파시즘'으로 분류할 수 있다. 파시즘은 한마디로 정의하기 어렵지만 일반적으로 경제에 대한 국가통제, 반공주의, 맹목적 애국주의, 권위주의, 정치적 상대자에 대한 불관용 등과 같은 특징을 가지고 있다. 이런 특징을 지닌 독재를 '파시스트 독재' 또는 줄여서 '파쇼독재'라고 부른다. 박정희를 '자유기업의 옹호자'로 알고 있는 사람은 파시즘의 특징으로 꼽은 '경제에 대한 국가의 통제'가 잘 이해되지 않을지도 모르겠다. 한국의 경제발전은 박정희 신화의 상징이 된 '경제개발5개년계획'에서 시작된다. 원래 이 계획은 1961년 장면 정권에서 처음 수립되었으나 박정희가 정권을 잡은 후 내용을 새로 고쳐 1962년부터 전격적으로 시행된다. 이후 34년간 7차에 걸쳐서 시행된 이 사업은 철저히 국가가 주도하는 '계획경제'였다. '계획경제'라는 말이 거슬리는 사람들을 위해 다시 말하면 '국가주도 시장경제'였다.

박정희가 일군 한국경제 건설의 특징을 한마디로 하면 '고속압축성장'이다. 그가 고속성장전략을 선택한 것은 자유당의 실정과 장면 정부의 혼란을 하루빨리 수습해야 하고, 4·19 민주혁명을 짓밟고 들어선 만큼 민주주의를 압도하는 실적을 보여주어야 했다. 그는 당시 한국의 상황에서 군부만이 그 일을 할 수 있다고 생각했던 것 같다. 사실 식민지에서 해방된 대부분의 제3세계 나라들에서 군대가 가장 잘 훈련되고 조직된 사회집단이었기 때문에 군사정권이 아주 흔했다. 바로 이 점, 군대가 경제건설에 나섬으로써 박정희 파시즘 체제가 만들어진다.

앞에서 몇 차례 언급되었지만, 박정희가 생각하는 부국강병의 모델은 일본군국주의 체제였다. 메이지 유신을 통해 봉건에서 곧바로 근대로 넘어온 일본은 군국주의 체제를 통해 단기간에 세계 열강에 올라서는 기적을 연출한다. 일본군 장교로서 그 장면을 목격한 박정희는 언젠가 독립이 되면 그 길만이 약소국을 벗어나는 유일한 길이라고 되뇌었을 것이다. 해방 직후에 잠시 실족했으나 기어코 기회를 잡은 박정희는 자신의 운명을 여기에 건다.

그리고 천운이 따랐다. 그가 집행한 1~2차 경제개발 5개년 계획이 세계자본주의 황금기에 걸쳐 있었다. 상품은 만드는 대로 팔리고 일자리가 넘쳐나던 시절이었다. 1973년 '오일 쇼크'(중동 산유국들이 담합하여 하루아침에 석유가를 4배로 올림)로 인해 세계자본주의 황금기가 끝나자 중동에 대량의 건설인력을 파견하여 오일 머니(oil money)를 긁어옴으로써 위기를 넘긴다.

박정희는 초기자본을 마련하기 위해 해외 원조, 차관, 국내저축 등 끌어 쓸 수 있는 것은 다 끌어 썼지만 아무래도 부족하다 싶었던지 일본과 졸속 협약을 맺고 대일청구권 자금을 가져다 쓴다. 이 졸속 협약으로 인해 지금까지 위안부와 강제노역, 독도 문제 등으로 골치를 썩이고 있다. 박정희로서는 민족과 국가의 자존심, 그리고 피해 당사자들의 심정을 헤아리기보다 하루빨리 업적을 내어 자신의 지위를 공고히 하는 것이 중요했다. 박정희가 초기자본을 마련했던 또 하나의 루트는 해외인력 파견이었다. 그의 재임 18년 동안 광부, 선원, 의사, 간호사, 기술자, 건설노동자, 군인 등 실로 막대한 숫자가 해외로 나가 엄청난 액수의 외화를 국내로 송금했다.

박정희는 해외에서 들여온 자금을 기업에 나누어주는 과정을 통해 기업 위에 군림하는 상제(上帝)가 된다. 이로 인해 관치경제와 정경유착의 병폐가 뿌리를 내린다. 권력에 줄을 대지 못하면 기업을 키울 수 없었고 권력자에게 밉보이면 잘나가던 기업도 하루아침에 공중분해되었다. 군사독재 시절이니만큼 퇴역군인들이 모모한 기업의 회장 직함을 하나씩 꿰차는 일이 자연스러웠다. 관치경제 최대의 성과물은 한국형 재벌의 탄생이다. 일본의 재벌이 일본 군국주의를 지탱했듯이 한국의 재벌도 파시즘 정권의 든든한 버팀목이었다. 이후 재벌과 파쇼 권력은 친인척 관계를 맺어 한국의 파워엘리트를 형성한다. 재벌이 어떤 범죄를 저질러도 솜방망이 처벌로 끝나고 마는 것은 죄의 심판자 역시 한 '패밀리'이기 때문이다. 온갖 특혜와 특권으로 눈덩이처럼 커진 재벌은 한국사회를 10% 대 90%로 양극화시키고 마침내 '권력의 역전'을 가져온다.

쿠데타 성공 직후 박정희는 재계 서열 10위 안의 기업인을 다 불러놓고 충성서약을 받아냈지만, 지금은 누구든 대통령이 되면 재벌 앞에 머리를 조아려야 한다. 정권은 주기적으로 바뀌지만 재벌은 늘 그 자리에 있으니 새로 이사 온 사람이 인사를 하는 게 도리다. 정권이 바뀌면 새로 뽑힌 대통령과 함께 핵심 공무원들이 다 바뀐다. 말하자면 새 정부의 주인공들은 아무것도 모르는 신입사원이나 다름없다. 반면에 재벌은 멀리는 일제시대부터 지금까지 한국사회를 틀어쥐고 있는 사람들이니 이들의 경험과 조언을 무시할 수 없다. 그 기세등등하던 노무현 대통령도 삼성재벌의 노하우를 국정 운영에 반영하지 않았던가. 이제 대한민국은 누가 보아도 '재벌공화국'이다. 죽으나 사나 재벌을 끼고 앞길을 헤쳐 나가야 한다.

80년대 초반으로 기억되는데 나는 당시 민정당 국회의원이었던 외삼촌 집에 놀러 갔다가 우연히 국회도서관에서도 구해보기 어려운 서류들을 훔쳐보게 된다. 박정희가 쿠데타를 일으킨 뒤 참고했던 아시아 각국의 군사쿠데타 정보와 경제개발 관련 서류

등인데 그 가운데 눈에 들어온 문서가 하나 있었다. 일종의 국토개발 청사진이었다. 거기에 오늘날 대한민국의 모습이 다 담겨 있었다.

그때 이래로 나는 대한민국이 '박정희의 나라'라는 인식을 갖게 되었고 적어도 2016년 촛불혁명이 일어나기 전까지 그 믿음은 변하지 않았다. 숱한 우여곡절 속에서 어찌 되었건 박정희는 파쇼 권력을 이용해 '고속압축성장'을 이루어냈다. 이 '성공'을 두고 우파학자들은 식민지시절부터 지금까지의 경제발전을 하나로 엮어 '식민지근대화론'의 정당성을 주장하기도 한다. 이것은 하나의 '관점'이므로 여기에서 틀렸다 맞았다를 논하고 싶지 않다. 나는 다만 그 과정에서 생겨난 감당하기 힘든 병폐와 부작용에 주목한다.

목표를 세워놓고 어떻게 해서건 달성만 하면 그만인가? 과연 그것이 공동체 구성원의 행복과 모든 생명의 생존조건인 생태환경의 보전에 긍정적으로 기여했는지를 따져봐야 한다. 나는 급속한 경제 성공으로 인한 정신의 타락과 환경파괴가 더 큰 문제라고 생각한다. 정상적인 조건에서 정상적인 생산활동에 임했다면 3~5%의 성장률에 그쳤을 것을 단기간에 두 배, 세 배의 성장률을 달성하기 위해 온갖 불법과 편법, 폭력, 협잡, 특혜, 새치기, 날치기, 빼돌리기, 삥뜯기를 자행함으로써 '풍요 속의 빈곤'을 가져왔다. '헬(Hell) 조선'의 뿌리는 여기에 있다. 자본주의 발전의 원래 속성이 그렇다는 것도 잘 안다. 그러나 박정희 파시즘은 자본주의의 폐단을 극한까지 몰고 갔다.

이념 지도

그러면 이런 파쇼독재를 지지하는 국민은 얼마나 될까? 파쇼독재의 적자(嫡子)인 구 한나라당의 콘크리트 지지층이 30%라는 것을 고려하여 한국정치의 이념 지도를 대충 다음과 같이 그려본다.

좌파(30%) ↔ 중도(40%) ↔ 우파(30%)

여기서 우파 30%가 어떤 정세 변화에도 아랑곳없이 박정희식의 파쇼 독재를 지지한다면 반대편에 있는 좌파 30%는 마찬가지로 어떤 정세 변화에도 상관없이 우파 30%와 반대되는 태도를 취한다고 보아야 한다. 여기서 좌파는 꼭 공산주의를 말하는 건 아니다. 파쇼 독재와 대척점에 있다는 뜻이다. 중도 40%는 중도우파와 중도좌파를 아우르는 세력으로 정세 변화에 따라 끊임없이 움직이기 때문에 파악하기 힘들다. 파쇼 독재는 지난 70년 동안 자기 지지세력 30%를 뺀 나머지 70%를 잠재적인 빨갱이로 간주하고 정치 탄압과 회유, 세뇌의 대상으로 삼았다. 독재 기간이 워낙 길어서 국민의 90%가 보수 또는 극우가 아니냐고 말하기도 하지만 그건 표면상 그렇게 보일 뿐이다. 70년 동안 저질러진 국가폭력의 트라우마가 상상외로 크고도 깊어서 결정적 순간에 국민이 어떤 선택을 할지 예단할 수 없다. 공포에 의한 통치는 순종하는 인간을 만들기도 하지만 속으로 반발하는 인간도 그만큼 만들어낸다. 때문에 파쇼 권력은 빨갱이를 잡을 때 다시는 일어서지 못하게 확실히 짓밟는다. 나는 안기부 지하실에서 수사관들이 하는 말을 똑똑히 들었다. "너희들이 생각하기에는 이 사건이 별거 아닌 것 같겠지만, 만약 너희 같은 놈들이 정권을 잡게 되면 제일 먼저 우리가 죽어(따라서 너희는 절대로 용서가 안 돼)." 그래서 국가보안법에 한번 걸리면 최하가 징역 7년이다. 구미유학생간첩단 사건에서도 단순 불고지 또는 단순 가담에 지나지 않는데도 모두 무기징역을 구형했다.

정권에 반발하는 사람들을 빨갱이로 몰아 처단할수록 중간에 있는 사람들을 점점 왼쪽으로 밀어내는 효과를 가져온다. 예컨대 광주항쟁을 북괴의 선동에 의한 민중 독동으로 몰면 광주사람들은 자의건 타의건 왼쪽으로 밀려날 수밖에 없다. 다음은 우리 사건의 재판과정에서 나온 발언이다.

검사 : 피고인은 남한에서 미제국주의를 내몰고 노동자, 농민 등 민중이 생산수단을 공유하며 나라를 지배하는 공산주의 국가를 건설하여야겠다는 의식을 갖고 북괴집단을 동경해왔다는 것이 사실인가요?
피의자 : 공산주의 국가라고 검찰에서 진술한 적은 없고, 미제와 미제의 앞잡이들이 저지른 광주양민학살의 현장을 보면서 민중이 정치권력을 장악할 때만이 민중의 생존이 보존된다는 의미에서 민중민주주의 국가를 건설해야겠다는 의식을 가지고 있었다는 식으로 진술했었습니다.

다른 피의자에 대한 검찰 신문 하나만 더 보자.

검사 : 모든 사람이 평등하게 잘살 수 있는 사회, 누구에게나 교육 및 취업의 기회가 보장되는 사회, 공평한 의료혜택을 받을 수 있는 사회를 이루어야 한다는 생각을 한 사실이 있지요?

피의자 : 예, 이 사회에서 인간이 그렇게 되어야 하지 않겠느냐 라는 생각을 한 것은 사실이고 그것이 바로 이땅에 민주화가 도래하는 것이 아니냐고 생각했던 것입니다.

검사 : 그러기 위해서는 오직 공산주의 사회뿐이라고 그릇된 인식을 갖고 그러한 사회를 동경하기 시작하였는가요?

피의자 : 그런 사실 없습니다.

정의롭고 기회가 국민에게 골고루 돌아가는 사회, 제국주의 간섭으로부터 자유로운 국가를 모두 공산주의로 몰아가고 있다. 반면에 피의자들은 그것을 민주화의 과정으로 보고 있다. 겨우 마르크스의 『공산당 선언』 정도나 읽어봤을 20대 초중반의 젊은이들이 광주항쟁 같은 민중봉기를 통해 공산주의 국가를 만든다는 것 자체가 어불성설이지만 저들은 줄기차게 '민중봉기 → 사회주의 폭력혁명 → 공산주의 국가건설 → 북한과 적화통일' 도식으로 우리들을 옭아매었다. 이는 해방 후 벌어진 최초의 민중봉기인 1946년 '대구 10월 항쟁' 이래 70여 년 동안 파쇼 권력이 자발적인 민중봉기에 들씌운 도식이다. 다만 4·19처럼 나이 어린 중고생이 대거 참여한 학생봉기만큼은 차마 이 도식을 들이대지 못하였다.

이 도식에 근거해 그들은 거의 모든 민중봉기를 '폭동 또는 반란'으로 규정하였고 평가가 조금 애매한 것은 '사태 또는 사건'으로 불렀다. 이 봉기의 배후에 반드시 공산주의자가 있었다고 발표하였음은 물론이다. 1998년 김대중 정부가 들어서서야 겨우 과거사를 재조명하면서 잘못 붙여진 역사적 사건들의 이름이 '항쟁' 또는 '의거'로 바뀌었다. 이렇게 바뀐 지 20여 년이 흘렀어도 극우세력들은 여전히 과거의 도식을 붙들고 있다. 이승만, 박정희의 눈으로 한국현대사를 보고 있기 때문이다. 다시 말하면 파시즘의 관점에서 민중과 민중봉기를 보고 있다.

파쇼 독재는 국민을 끊임없이 왼쪽으로 몰아낸다. 독재에 반발한다고 몰아내고, 특혜와 부패에 항의한다고 몰아내고, 노동쟁의를 지지한다고 몰아내고, 철거민 투쟁을 지원한다고 몰아내고, 농민들의 시위에 동조한다고 몰아내고, 서민들의 생존권 투쟁에 함께한다고 몰아내고, 고문 조작을 폭로한다고 몰아내고, 남북교류 요구한다고 몰아내고, 북한에서 쓰는 용어를 사용한다고 또는 북한과 같은 주장을 한다고 몰아내고, 핵발전소 반대한다고 몰아내고, 골프장 반대한다고 몰아내고, 미군철수 요구한다고 몰아내고, 제국주의의 오만과 무례함을 성토한다고 몰아내고…. 그러면서 이 모든 행위의 배후에 빨갱이, 간첩이 있다며 국민에게 부화뇌동하지 말라고 엄포를 놓는다. 이렇게 계속 몰아낸 끝에 어느 날 100만의 보통사람들이 촛불을 들고 광화문 거리에 나타나 정권을 바꾸어버렸다. 촛불혁명은 한국정치사에 더 이상 빨갱이 타령이 통하지 않는다는 것을 확실히 보여주었다.

파쇼 독재는 국민의 70%를 끊임없이 왼편으로 밀어내면서 빨갱이 딱지를 붙이거나 빨갱이를 용인하면 똑같이 빨갱이라고 협박해왔다. 1979년 10월 26일 박정희가 궁정동에서 최후의 만찬을 가졌던 날, 김재규 중앙정보부장으로부터 부마사태에 대한 보고를 듣고 "앞으로 4·19 같은 데모가 일어나면 내가 직접 발포 명령을 내릴 거야. 대통령인 내가 명령했는데 누가 뭐라 그러겠어?" 그러자 옆에 있던 차지철 경호실장이 "데모하는 새끼들 100만이고 200만이고 간에 탱크로 밀어붙이면 그만!"이라고 말한다. 이것이 파쇼 독재 최고 두뇌들의 인식이고 정서였다. 그들은 정신이상자가 아니다. 권력유지를 위해 어떤 짓도 서슴지 않는 괴물일 뿐이다. 그런 무지막지한 발언을 스스럼없이 할 수 있었던 것은 어떤 학살을 저질러도 공산화를 막기 위해 어쩔 수 없었다고 변명하면 다 용납되었기 때문이다.

지금은 그런 극단적인 시대가 다 지나갔는데 "너무 과거의 잘못된 일을 끄집어내어 북에 대한 경각심마저 허물어뜨리는 건 아닌가?"라고 묻는 분들께 말한다. 이것은 경각심의 문제가 아니라 기본인권과 사회정의에 대한 문제라고. 광기의 시대가 아닌 정상적인 상황에서 이것이 어떻게 변형되어 나타나는지를 보여주는 훌륭한 사례가 있다.

2012년 대선 때 국정원 직원이 인터넷으로 야당 후보를 떨어뜨리기 위해 댓글 공작을 하다가 현장에서 발각된 사건이 있었다. 당시 국정원 직원은 야당 인사들이 들이닥치자 스스로 문을 잠그고 장시간 대치해 '셀프 감금'이란 우스꽝스런 말을 유행시키기도 했다. 여당은 야당 의원들을 '감금죄'로 고발하고 야당은 여당을 '선거법 위반'으로 고발했다. 그런데 뒤이어 열린 국회 법사위에서 당시 새누리당 김진태 의원은 "종북좌파가 다시 정권을 잡으려고 하는 걸 막는 게 국정원의 임무"라며 그런 댓글 공작은 선거법 위반이 될 수 없다고 역공을 취했다. 국정원이 정권유지의 도구로 전락한 명백한 증거이자 누가 보아도 선거법 위반이지만 빨갱이 세상이 되는 걸 막기 위해서라면 모두 괜찮다는 것이다. 만약 정통 보수당인 민주당을 빨갱이로 매도하려면 헌법을 고쳐야 한다. 대한민국은 오직 극우 정강만 집권할 수 있다고. 목적이 빨갱이를 막는 거라면 어떠한 불법과 반인륜적 행위도 용서가 되는 대한민국의 절름발이 역사가 시퍼렇게 살아 있음을 보여준다.

빨갱이로 의심된다고 명단에 올려놓고 위급한 상황이 되자 재판도 심문도 없이 무조건 총살하거나, 빨갱이 신고 하나로 함부로 감금하고 폭행하거나, 간첩은 고문해도 된다거나, 자신과 의견이 다르다고 빨갱이라고 매도하거나, 독재자 또는 부패한 정치인을 비판한다고 빨갱이로 몰거나, 잘나가는 기업의 비리를 폭로한다고 빨갱이로 의심하거나, 빨갱이로 낙인찍힌 사람의 가족을 따돌리거나 하는 등의 일이 다시는 용납되어서는 안 된다. 이제 우리는 분명히 말해야 한다. 진짜건 가짜건 빨갱이도 대한민국 국민이라는 사실을. 대한민국 국민이면 누구라도 누려야 할 국민의 기본권을 가진 '자유 시민'이라는 것을.

여기까지 읽은 독자들은 "역시 빨갱이라서 다르네! 그런데 북한에 대해서는 왜 한 마디 안 하고 반공 국가인 대한민국에서 빨갱이 처단의 부당성만 주구장창 얘기하고 자빠졌냐?"라고 반문할 것이다. 이분들을 위해 남겨둔 라틴어 한 마디가 있다. "vice versa(그 반대편도 마찬가지)!" 북한에서도 똑같은 일이 이름만 바꾸어서 벌어졌다. 그쪽에서는 미제의 앞잡이, 자본주의 첩자, 남녘 괴뢰도당의 끄나풀 등의 이름으로 무수한 인명들이 스러져갔다. 남과 북은 제국주의가 세계를 분할 지배하던 시절에 태어난 '일란성 쌍둥이'다.

3부
새 시대, 새 희망, 그리고 촛불혁명

파시즘 체제의 종식

1998년 김대중 씨가 대한민국 제15대 대통령으로 취임한 것이 새 시대의 시작이었다. 헌정 50년사 최초의 수평적 정권교체에 성공한 김대중 대통령은 새 정부를 '국민의 정부'로 이름 지었다. 적절한 작명이라고 본다. 뒤집어보면 이전까지의 정부는 '국민의 정부'가 아니었다는 뜻이 들어 있다. 걸핏하면 멀쩡한 시민을 빨갱이로 몰아 탄압하고 비국민으로 취급하던 역사에 종지부를 찍겠다는 단호한 의지의 표현이다. 그 자신 박정희에 의해 빨갱이로 몰려 몇 번이나 죽을 뻔하지 않았던가! 게다가 IMF 사태 극복을 위해 전 국민의 단결된 노력이 절실하던 때였다. 김대중 대통령은 취임하던 그해에 모든 정치범을 석방하고 북한에 연고를 가지고 있는 비전향 장기수들을 북으로 돌려보냈다. 나 역시 이때 옥에 갇힌 지 13년 2개월 만에 가족의 품으로 돌아올 수 있었다.

'국민의 정부' 출범으로 인해 실로 50년 만에, 아니 한일합방 때부터 계산하면 거의 90년 만에 이 땅에 '파시즘의 장막'이 걷혔다. '김대중 정권' 하면 제일 먼저 남북교류 활성화와 IMF 극복을 떠올리지만 나는 그보다도 '파시즘 체제의 종식'에 의미를 두고 싶다. 파시즘이란 장막이 걷히자 막혔던 언로가 활성화되면서 사회 전체에 창조적 에너지가 폭발하기 시작했다. 지금 우리가 자랑스럽게 여기고 있는 '한류'의 본격적 시작도 이때부터라고 말할 수 있다.

도서출판을 비롯해 모든 문화활동에 대한 검열이 철폐되자 이

전에 볼 수 없었던 다양한 책과 문화상품이 넘쳐나기 시작했다. 이를 두고 극우세력들은 "문화계가 좌파에게 장악되었다"고 말하지만 턱도 없는 소리다. 원래의 다양한 모습을 되찾았을 뿐이다. 한국 록음악(Korean Rock Music)의 대부인 신중현의 음악을 '퇴폐적'이라고 금지하고, 국민가수 양희은의 노래를 데모하는 학생들이 많이 부른다고 금지하는 야만적 문화정책이 끝난 것이다. 이후 한국의 대중문화는 비약적 발전을 거듭해 K-Pop이 미국 빌보드 차트 1위에 오르는가 하면, 봉준호 감독의 영화 〈기생충〉이 전 세계 영화제를 휩쓰는 쾌거까지 이루어낸다. 봉준호 감독은 이전 정권에서 불순한 문화계 인사로 찍혀 '블랙리스트'에 올랐던 인물이다. 한편, 안보를 핑계로 연명하고 있던 파시즘 세력은 '진보 정권' 10년 동안 조작 간첩 사건이 하나도 없자 "간첩을 안 잡는다"고 아우성 치며 '진보 정권' 자체가 빨갱이라고 선동한다.

파시즘 체제에 향수를 느끼는 세력들은 호시탐탐 기회를 노리다가 결국 부자 되게 해주겠다는 선동으로 정권 탈환에 성공한다. 건설회사 사장 출신의 '사기꾼'을 대통령으로 뽑아준 건 지난 세기 파시즘 아래서 형성된 '먹고사는 게 장땡'이라는 국민의식에 힘입은 바 크다. 이명박, 박근혜로 이어지는 '보수' 정권 10년 동안 국민은 다시 파시즘의 악령에 시달리게 된다. 터무니없는 조작 간첩 사건이 발표되고 비판적인 문화계 인사들을 리스트에 올려 감시하는가 하면, 사회지도층의 부정·비리가 끊임없이 폭로된다. 그러다가 2014년 4월 16일, 배를 타고 수학여행을 가던 학생 300여 명이 한꺼번에 사망하는 '세월호 사건'이 터진다. 이 사건의 진상은 아직도 규명 중이지만 당시 사건의 발생에서부터 사고 수습에 이르는 전 과정을 지켜본 국민의 눈에 "이것은 나라가 아니었다."

세월호는 부도덕한 권위주의 정권의 무능과 난맥상을 총체적으로 보여주었다. 그때 이래로 국민은 촛불을 들고 무책임한 정권을 성토하다가 대통령의 배후에 '최순실'이라는 정체불명의 여인이 있음을 알고 본격적인 정권타도 운동에 나서게 된다. 촛불을 들고 한번 모였다 하면 가뿐히 100만 명을 넘겼다. 단군 이래 이런 정치적 이벤트가 없었다. '87년 6월 항쟁'조차 왜소하게 보일 정도였다. 소위 '깨시민(깨어 있는 시민)'의 위력에 놀란 집권당 정치인들조차 대통령에게 등을 돌리고 탄핵을 가결한다. 단 한 건의 폭력사건이나 희생자 없이 오로지 평화시위로 정권을 교체하는 기적을 연출한다. 그야말로 세계정치사에 유례가 없는 대역사이다. 전쟁의 폐허를 딛고 단기간에 경제 기적을 이룬 나라, 혹독한 파시즘 지배를 딛고 민주화를 달성한 나라, 축제 같은 평화시위로 무능한 정권을 끝장낸 나라, 게다가 최근 코로나바이러스를 모범적으로 잘 방어하여 세계의 화제가 되고 있는 나라 코리아(Korea)는 바야흐로 세계인들에게 '원더랜드(Wonder Land)'처럼 비치고 있다. 보통의 나라들에서는 여기에 거론된 한 가지도 이루기 힘든데 어떻게 아시아 변방의 작은 나라에서 그 모든 일이 일어날 수 있는지 신기하기만 할 따름이다.

이에 대해 극우세력은 박정희식의 밀어붙이기가 주효했다고 말한다. 그들이 박정희를 찬양하는 주된 이유이기도 하다. 그러나 박정희는 극단적으로 밀어붙이다가 결국 그 부작용에 의해 죽고 만다. 이에 대해 또 극우세력은 "그렇게 우리의 대통령은 국가를 부강하게 만들어놓고 자신은 초개와 같이 죽어갔다"고 말한다. 박정희의 밀어붙이기가 어려운 시기에 어느 정도 효과를 발휘한 것은 인정한다. 그러나 그의 밀어붙이기는 성과를 마이너스로 까먹을 만큼의 후유증을 남겼다. "그게 뭔 말이냐? 잘 먹고 잘살면 됐지!"라고 말하는 사람들이 있다. 바로 그 발언이 증거이다. 박정희는 국민을 '배부른 돼지'로 만들었다.

잘 먹고 잘사는 데에 올인(all in)하다보니 도중에 '인간의 길'을 포기하고 '돼지의 길'로 나간 것이다. 돼지의 길로 가자면 국민을 일정한 방향으로 몰고 가야 하는데 박정희는 '레드 콤플렉스(빨갱이 공작)'와 '지역 차별'을 그 수단으로 삼았다. 자신은 이 야비한 방법으로 소기의 목적을 달성했는지 모르겠지만 뒤에 오는 후배들에게는 감당할 수 없는 유산을 남겨놓았다. 당대의 이익을 위해 후세들에게 파괴된 (지구)환경을 남겨놓은 정치인의 본보기를 보인 셈이다. 박정희를 흉내 내면 안 되는 이유가 여기에 있다. 비상의 시기에 쓰는 특단의 조치를 18년 동안이나 자행하고 그 후계자들이 계속해서 같은 행위를 반복하다보니 '인간화'와 '지구환경의 복원'이 점점 멀어지고 있다.

박정희의 부정적 유산은 아직도 많이 남아 있다. 가장 심각한 것은 1964년에 다수 국민의 반대를 무릅쓰고 졸속으로 처리한 한일협정이다. 대일청구권 자금을 받아내기 위해 일본이 요구하는 대로 협정을 맺어주는 바람에 지금까지 일본인들의 멸시를 받고 있다. 그 밖에도 정치적 반대자들을 때려잡기 위해 강화시킨 검찰과 사법부의 적폐, 국가보안법과 보안관찰법 등 각종 악법

철폐, 정경유착으로 비대해진 재벌문제, 독재권력에 빌붙어 제4의 권력을 마음껏 휘두르며 성장한 언론적폐 등 개혁해야 할 것이 한두 가지가 아니다.

그러나 우리 인민은 위대했다!

 지금부터 '국민(國民)' 대신 '인민(人民)'이란 용어를 선별적으로 사용한다. 인간화와 지구생태계의 복원은 국가의 경계를 넘어서는 일이고, 이미 국민이란 말 안에 한 독재자가 규정한 정체성이 들어 있기 때문이다. 예컨대 일본이 20세기 초에 국민이라는 말을 사용할 때 사람들은 '국민=천황의 신민'이라는 등식을 받아들이고 있었다. 일제강점기에 도입된 '국민'이라는 말 속에는 '일국 단위 파시즘 체제의 구성원'이라는 전제가 깔려 있다. 해방 후 한국의 위정자와 학자들은 아무런 반성 없이 일제가 만든 이 용어를 그대로 가져다 썼다. 이승만 이후 역대 위정자들이 일제의 파시즘 체제를 계승했다는 것과도 무관치 않다.
 1996년 문민정부 시절에 일본 군국주의 잔재라며 '국민학교'를 '초등학교'로 바꾸었는데 이에 대해 일부 우익 인사들은 국가이념의 쇠퇴라며 반발하고 있다. 안타깝게도 중국과 북한에서 '인민'이라는 말을 사용함으로써 한국에서는 금기어가 되고 말았다. 인민은 영어로 그냥 '피플(people)'이다. 이 말에는 계급이나 국가의 규정성이 없다. 불특정 다수의 보통사람을 의미한다. 미국의 링컨 대통령이 1863년 게티즈버그에서 한 연설문에 나오는 "government of the people, by the people, for the people, shall

not perish from the earth"를 한국에서는 '국민'으로 번역하고 있으나 정확히는 "인민의, 인민에 의한, 인민을 위한 정부는 지구상에서 사라지지 않을 것이다"로 해야 한다. 국가는 없어질지라도 인민이 스스로 만든 정부는 없어지지 않는다. 1970년대에 한국에서 'people'에 해당하는 말로 '민중(民衆)'을 쓰기 시작했는데 이는 '피억압 상태의 인민'을 뜻한다. 그 사회의 지배계층이나 엘리트는 포함되지 않는다. 흔히들 '민중의 역사' 운운하지만 억압받는 인민들이 독자적으로 만들어내는 역사는 없다. 우익진영에서는 이를 빨갱이가 주도하여 만들어가는 역사로 이해하고 있다. 몇 년 전에 교육부의 한 관리가 민중을 '개돼지'로 표현하여 물의를 빚었는데, 민중을 이렇게 지배와 관리의 대상으로 보는 것은 전형적인 파시즘의 관점이다.

내가 이렇게 장황하게 국민과 인민, 민중의 차이점을 얘기하는 것은 지금까지 이 땅에서 벌어진 국난 극복의 주체와 향후 인류 공동의 문제를 풀어나갈 주체가 누구인지 정확하게 이해하기 위해서다. 지난 60년 동안 우리가 이룬 경제기적에 대해 우익 진영에서는 박정희 대통령의 영도력을 제1의 요소로 꼽은 데 비해, 민중사가들은 '민중의 피와 땀의 결정체'라고 말하면서 박정희가 아니라도 우리 민중의 지혜와 열성이면 충분히 이룰 수 있는 일이었다고 평가한다.

양 진영이 부정확한 용어를 가지고 같은 사안을 설명하자니 이런 극단적인 해석이 난무한다. 박정희는 일제 치하를 방불케 하는 국민 총동원 체제를 가동하여 극단적인 경제성장에 매달렸다. 순박하기만 했던 인민들은 애국하는 그의 진심을 믿고 외화를 벌어 올 수 있는 곳이라면 열사의 사막이건 독충이 우글대는 정글이건 뛰어나가 돈을 벌어 왔다. 또 국내에서는 세계에 유례가 없는 장시간 저임금 노동으로 값싸게 물건을 만들어내어 전 세계에 팔았다. 여기에 노동자와 경영자, 공무원과 일반인의 구분 따위는 중요하지 않았다. 모두가 파쇼 체제 아래서 하나였다. 그것이 독재인 줄 알면서도 '내 발등의 불을 끌 때까지만' 하며 묵묵히 견뎌냈다.

한편 생계 유지보다 민주주의에 대한 열망이 더 컸던 학생, 종교인, 사회운동가들은 목숨을 걸고 파쇼 권력에 저항했다. 인민들은 때때로 이들의 투쟁에 호응하여 길거리로 나서기도 했다. 먹고사느라 힘들어서 그렇지 모두가 민주주의를 원하고 있음을 보여준 것이다. 그것이 드디어 2016년 촛불혁명을 통해 이들은 하나가 되어 외쳤다.

"대한민국은 민주공화국이다!"

"모든 권력은 국민에게서 나온다!"

극심한 좌우대립과 전쟁, 파쇼 독재의 탄압을 뚫고 민주주의의 새 지평을 열어젖힌 대한민국 인민이야말로 진정한 승리자요 진실로 위대한 존재이다. 솔직히 고백건대, 나는 촛불혁명을 겪기까지는 지구상에서 베트남 인민이 가장 위대하다고 생각했다. 약소국의 처지에서 고대로부터 현대까지 당대 최강 제국들의 침략을 자신의 힘으로 물리쳤기 때문이다. 그러나 그들의 위대함도 대한민국 인민의 위대함에는 미치지 못한다. 우리는 단순히 자신을 지켜낸 것을 넘어 세계정치사에 새로운 장을 열어 보여주었다.

촛불혁명의 주체

그렇다면 촛불혁명의 주체는 누구인가? 촛불시민이란 말은 있어도 촛불국민이란 말은 못 들어봤다. 국민이라고 하면 어쩐지 권위주의적인 정부의 통치를 받는, 또는 국가 이데올로기에 의해 통일적으로 움직이는 집단 같은 느낌이 든다. 촛불시위에 나온 사람들은 권위주의적 정부를 굴복시키고자 했기 때문에 국민이란 말은 어울리지 않는다. 반면에 태극기 부대 사람들은 "니들이 뭔데 국민이 뽑은 대통령을 내려오라고 하느냐?"며 항의를 했다. 그 사람들은 자신을 (박정희의) 국민으로 여겼고 촛불시위대를 비국민 또는 빨갱이라고 비난했다. 그러나 사람들은 촛불시위를 통해 국가와 국민의 의미를 근본부터 다시 보기 시작했다. 국가가 국민을 보호해주지 못할 때 사람들은 국가의 국민 됨을 부정하고 이민을 가거나 자기들끼리의 공동체에 안주하거나 아니면 모든 의무로부터 자유로운 개인이고자 했다. 촛불혁명을 비국민의 반란이라고 말할 수는 없지만 '국민 됨'을 다시 보는 계기가 된 건 확실하다.

내가 오랜 세월 비국민으로 취급받아 이런 소릴 하는지 모르겠으나 나는 철든 이래로 국민이라는 말에 심한 거부감을 느끼며 살아왔다. 유신 때 오후 6시가 되어 어디선가 애국가가 울려 퍼지면 길을 가다가도 멈춰 서서 가슴에 손을 얹어야 했는데 청개구리 젊은 놈은 그사이를 어슬렁어슬렁 걸어 다니는 것을 쾌감으로 여겼다. 경로우대증이 나온 지금도 공식행사에서 애국가와 '국기에 대한 맹세'가 나오면 체면 때문에 손은 올리지만 속으론

'아, 언제까지 이 짓을 해야 하나'하고 투덜거린다. 나 같은 사람은 북한에 가면 숨이 막혀 더 못 살 것 같다.

근대적 의미의 국민이라는 말은 19세기에서 20세기로 넘어가는 시기에 생겼다. 이때는 제국주의가 각축을 벌이던 시기여서 한쪽에선 제국주의를 강화하기 위해, 다른 한쪽에선 제국주의에 먹히지 않기 위해 자국의 인민을 이데올로기 냄새가 물씬 나는 '국민'이라는 용어 속에 욱여넣었다. 그러나 위정자들이 "자, 오늘부터 여러분들은 국민입니다!"라고 선포한다고 해서 국민이 되는 건 아니다. 대체로 국민이 되는 과정은 피비린내가 진동하는 전쟁을 통해 이루어졌다. 우리보다 먼저 서구 문물을 받아들인 일본은 청일전쟁과 러일전쟁을 치르면서 비로소 국민화에 성공한다. 그 이전까지는 우리와 마찬가지로 '백성'이었다. 전쟁을 치르기 위해 모든 백성이 하나의 목표를 향해 나아가면서 국가가 무엇인지, 그 국가를 구성하는 국민이 무엇인지 깨우치게 된다.

우리는 1948년에야 비로소 '국민국가'가 탄생하는데 그 이전에는 식민지 백성이었고 '국민'이라는 개념은 없었다. 흔히들 해방 직후에 전국에 우후죽순처럼 생겨난 '인민위원회'를 빨갱이들이 주도하여 만든 것으로 알고 있는데 천만의 말씀이다. 아직 국가가 확정되지 않은 상태에서 인민들이 자발적으로 만든 조직일 뿐이다(당시엔 인민이란 말이 금기어가 아니었다). 나는 이 인민위원회야말로 링컨이 말한 "of the people, by the people, for the people"에 딱 들어맞는 조직이라고 생각한다. 그러나 인민위원회는 정부를 구성하기도 전에 미군정에 의해 불법조직으로 규정되고 해산의 운명을 맞이한다. 이 강제 해산이 이후에 전개되는 인민항쟁과 좌우대립의 원인이 되기도 한다. 조선합병 당시 일제에 의해 해산된 조선군대가 의병으로 이어지는 역사와 흡사하다.

정부수립 후 얼마 안 되어 6·25가 터지는데 이 전쟁을 수행하는 과정에서 백성 또는 인민이 '국민'으로 재탄생하게 된다. 우리뿐만 아니라 세계의 다른 나라를 보더라도 국민이라는 개념의 도입과정은 폭력과 강제가 동반되었다. 특히 전쟁이 주요한 기제였다. 한 번의 전쟁이 아니라 지속적인 전쟁을 통해 국민의식이 강화되었다. 미국은 이민자의 나라임에도 국민의 애국심은 타의 추종을 불허한다. 어떻게 이런 일이 가능했을까? 말할 것도 없이 전쟁이다. 미국 외교정책 전문가 콜리어(Ellen C. Collier)라는 사람의 연구에 의하면, 미국은 1798년부터 2008년까지 210년 동안 268건의 전쟁에 참전했다고 한다. 초강대국 미국은 전쟁으로 다져진 나라이다.

우리의 경우 정부가 수립된 1948년부터 빨치산 토벌이 공식적으로 종료된 1955년까지 '진짜 빨갱이'와 전쟁을 치렀다면 그 이후부터는 '가짜 빨갱이'와 전쟁을 치르고 있다고 해도 과언이 아니다. 전쟁은 보통사람을 국민으로 만들었고, 국민의식을 강화하기 위해 어디선가 끊임없이 전쟁을 일으켜야 했다. 박정희는 경제건설에 나서면서 "한 손에 총을 들고 한 손에 망치를 들자"며 국민을 독려했는데 어찌 보면 경제건설도 전쟁을 치르듯이 했다. 보통사람을 국민으로 통합하는 방법에는 여러 가지가 있지만, 한국인의 국민의식은 빨갱이와의 전쟁과 전쟁처럼 치른 경제건설을 통해 형성되었다.

촛불혁명의 주체가 국민이 아니라면 70~80년대 민주화운동의 주역이었던 민중이 촛불혁명의 주체라고 말할 수 있을까? '아니다'라고 단호히 말할 수는 없지만 '그렇다'고 말하기도 애매하다. 촛불집회에 민중운동의 핵심세력인 노동조합과 농민회가 대거 참여한 것은 사실이다. 그러나 그들은 촛불의 숫자를 일정하게 유지하는 정도였지 촛불의 역동성과 창조력, 더 나아가 시위 자체를 주도하는 세력은 아니었다.

나는 1970년대에 박정희의 유신을 반대한 이래 평생 길거리에서 시위를 해온 사람으로서 이 상황을 정확히 알고 있다. 예전에 노동자와 농민운동 세력이 한 10만 정도 모이면 정말 대단했다. 당장에라도 정부가 계엄령이라도 내리지 않을까 싶을 정도로 무시무시했다. 그러나 촛불시위에서는 그저 참가자의 일부라는 느낌 이상을 보여주지 못했다. 여기에는 몇 가지 이유가 있다.

먼저, 노동조합이나 농민회는 이익단체이다. 집단의 이익이 걸려 있는 '생존권 투쟁'과는 온도 차이가 크게 날 수밖에 없다. 둘째, 이들은 '역전의 용사'이지만 이제는 노쇠한 운동집단이다. 일반 시민 또는 젊은 청년들의 기상천외하고도 유치발랄한 시위방식을 도저히 따라갈 수가 없었다. 사실 촛불시위는 이들 젊은 이의 퍼포먼스가 전체 분위기를 '업(up) 상태'로 유지했다. 셋째, 촛불집회에 참여한 사람들이 너무도 다양하고 숫자가 많아 민중운동 진영에서 몇 만이 참가해도 반대쪽에 있는 사람은 알아차리지도 못할 정도였다. 넷째, 집회방식이 지극히 평화롭고 축제와 같아 비장한 목소리로 외치는 구호가 오히려 낯설게 느껴졌다. 민중운동 진영은 여전히 사회변혁운동의 중요한 부분이지만 촛불혁명으로 드러난 새로운 운동방식을 주도할 수 있는 세력은 아니었다. 만약 민중운동 진영이 생존권 투쟁을 넘어 우리 사회에 의미 있는 어떤 비전을 제시하고자 한다면 지금까지와는 다른 모습을 보여주어야만 한다.

촛불혁명의 주체가 국민도 아니고 민중도 아니라면 과연 누구란 말인가? 이제 마지막 남은 것은 '시민'이다. '촛불시민'이라는 말이 있듯이 촛불혁명을 일으킨 주체를 시민으로 보는 것은 일견 타당하기는 하지만 100% 정확한 것은 아니다. 대부분의 신문기사나 정치학자들이 '시민혁명'이라고 규정한다고 해서 그대로 믿을 필요는 없다. 촛불혁명은 최대 인구 보유도시인 서울의 시민들이 결정적 역할을 했지만 전국 각지에서 벌어진 촛불집회도 무시할 수 없다. 나는 촛불집회 기간 동안 서울과 지방을 오가며 참여했는데 지방이라 하여 열기가 약한 것이 아니었다. 군(郡) 단위에 사는 다른 지인들의 말을 들어봐도 대단한 열의를 가지고 촛불집회에 임했다고 한다. 그런데 그들은 자신을 시민이라고 부르지 않는다. 또 그에 걸맞는 시민의식이란 것도 없다. 그들은 '군민' 또는 '(지역)주민'으로 불린다. 서울 시민이 결정적 역할을 했다고 해서 촛불혁명을 그냥 '시민혁명'이라고 불러도 좋을까? 나는 시민혁명이라는 말에 70% 정도만 긍정하고 나머지 30%의 다른 가능성에 주목한다.

'다른 가능성'이 나타나기 시작한 것은 '세월호 집회'부터이다. 어찌 보면 2016년의 촛불혁명은 2014년에 시작한 세월호 촛불집회의 결정판이라고 볼 수 있다. 세월호 집회는 1987년의 민주화대투쟁 이후 계속된 대중시위와는 확실히 다른 모습을 보여준다. 나는 2014년 4월 29일 안산에서 치러진 세월호 합동장례식에 다녀온 뒤 SNS에 "향후 한국의 사회운동은 세월호 이전과 세월호 이후로 나뉠 것이다"라고 썼다. 무슨 사회과학적 근거를 가지고 그렇게 단언한 것이 아니다. 그냥 그렇게 느껴졌다. 6년이 지난 지금 돌이켜보니 크게 틀린 말은 아닌 것 같다.

첫째로 세월호 촛불집회에는 반공 프레임을 걸 여지가 없었다. 천안함 사건은 "북괴가 그랬다"고 발표하면 국민이 믿어 주었지만 세월호는 그럴 여지가 전혀 없었다. 정권을 통째로 뒤흔드는 사건인데 여기에 반공 프레임을 걸지 못하면 그로 인해 정권을 유지해왔던 세력들은 지탱할 도리가 없다. 더구나 정부가 잘못 대응하면서 사건은 점점 커졌기 때문에 정권유지가 더욱 힘들어졌다.

둘째로 세월호 사건을 통해 '국가-국민 이데올로기'에 틈이 생기기 시작했다. 서유럽에서 만들어진 '국가-국민 이데올로기'는 일본으로 넘어와 '천황(神)-신민(국민) 이데올로기'로 변질되었다. 이승만과 박정희는 감히 신(神)이 될 수 없었으므로 이것을 '국부(國父)-국민 이데올로기'로 순화했다. 이 개념은 유교 전통이 남아 있는 우리 사회에 잘 맞아떨어졌다. 1975년에 육영수 여사의 장례 때 사람들은 '국모(國母)'가 돌아가셨다고 그렇게들 슬퍼한 기억이 난다. 그러나 세월호 사건 이후 "이게 나라냐? 이런 게 나라라면 나는 이 나라의 국민이기를 포기하겠다"는 고백이 여기저기서 들려왔다. 말하자면 집에서 가장이 잘못했다고 하여 자녀들이 가출해버린 사건과 같다. 예전에는 "아무리 그래도 그렇지!" 하며 가출한 자녀를 욕했지만, 지금은 시대가 달라졌다. 가장이 잘못했다고 용서를 빌어야 하는 상황도 존재한다. 국가라는 껍데기를 뒤집어쓴 가부장제도의 절대성이 무너진 것이다.

셋째로 집회 참가자의 구성원이 달라졌다. 예전에 민중집회라 하면 노동자, 농민, 학생대중, 도시빈민… 이런 식으로 참가자 리스트를 뽑았는데 촛불집회에는 동네에서 손잡고 오거나 가족끼리 친구끼리 온 사람들이 많았다. 이 부류는 계급이나 계층의 상하를 따질 수 없는 사람들이다. '참여연대'나 '환경운동연합'으로 대표되는 시민운동에서의 시민은 무언가 잘 배우고 안정된 직장에 서구적 합리주의가 몸에 밴 듯한 사람들을 연상시키지만, 세월호 집회에 나온 사람들은 그냥 슬프고 애통해서 나온 사람들이다. 평범한 보통사람의 눈에 피눈물이 나게 하는 집단에 대한 분노와 증오가 온 사회를 뒤덮었다. 이로 인해 많은 사람들이 우울증 증세를 보이기도 했다. 그러나 국민의 피눈물을 닦아주어야 할 국가의 관리와 국가 이데올로기에 심취한 '애국자'들은 "단순한 사고를 가지고 뭐 그렇게까지 슬퍼하고 책임추궁을 하느냐"며 애도하는 사람들을 조롱하고 무시했다. 또한 사고를 해명하는 과정에서 보여준 그들의 무책임과 뻔뻔함은 사람들로 하여금 정권에 대한 일말의 기대마저 저버리게 했다. 최순실 사건은 누적된 대중의 분노를 폭발케 한 계기에 지나지 않는다.

넷째로 세월호 사건은 예전에 '비정치적'이라고 분류했던 사람들을 사회변화의 주체로 각성시키는 계기를 마련해주었다. 평소 데모란 아무나 하는 게 아니라고 생각하고 있었는데 막상 길거리에서 자신과 비슷한 사람들을 만나 함께 구호도 외치고 퍼포먼스에도 참여해보니 정치라는 것이 내 작은 목소리와 무관하지 않다는 사실을 깨닫게 된 것이다. 참여의 횟수가 늘어나면서 촛불의 숫자 하나 늘어나는 게 '정치적 힘(압력)'이 된다는 것도 알게 되었다. 국가가 보통사람을 전쟁에 내보내어 국민이라는 정체성을 갖게 한 것처럼 촛불집회도 보통사람을 정치적 주체로 각성시켰다. 극우집회에 가보면 알록달록한 복장을 한 퇴역군인들을 늘 볼 수 있다. 이들은 자신을 국민으로 각성시켜준 반공국가의 소멸이 견딜 수 없어 길거리에 나온 사람들이다.

다섯째로 세월호 사건은 파쇼 권력에 반공기독교가 유착되어 있다는 것을 여실히 보여주었다. 한국의 반공기독교는 북한에 공산정권이 들어서고 남한에 기독교 장로인 이승만 씨가 대통령이 되면서 비정상적인 종교의 길을 가게 된다. 공산정권을 피해 남으로 내려온 기독교인들은 극단적인 반공을 선교전략으로 삼는다. 정서적으로도 그랬지만, 그렇게 해야 기독교 대통령 아래에서 세력을 확장할 수 있었다. 국내에 기반이 없었던 이승만은 곤경에 빠진 친일파와 반공기독교 세력을 중요한 지지 기반으로 삼았다. 그는 당시 기독교인의 신자 비율이 10%도 안 되는 시절에 크리스마스를 국가지정 공휴일로 지정했다. 그리고 크리스마스이브에 통금도 없애주었다. 이로 인해 기독교 신자가 급격히 늘기는 했지만 1982년 통금이 해제될 때까지 크리스마스는 밤새워 놀고먹는 날로 인식되었다. 박정희는 기독교 신자는 아니었지만, 독재정권 유지를 위해 기독교를 적극 이용했다. 박정희 말년에 박근혜 측근이 된 최태민 목사의 비리를 중앙정보부가 조사하여 대통령에게 보고했지만 박정희는 그대로 두었다. 물론 박근혜의 반발이 주효했지만 최태민이 반공기독교를 조직하여 나름 구국운동을 펼치고 있는 것을 가상하게 보았을 것이다. 최태민은 자신이 조직한 선교단을 '구국십자군'이라고 불렀다. 박정희 사후에도 반공기독교는 독재자가 바뀔 때마다 용비어천가를 부르며 세력을 유지했다. 세월호 사건에서 침몰된 선박의 주인이 '구원파'라는 기독교 종파이고 선박의 관리를 국정원이 맡았다는 것, 그리고 구원파 본부가 압수수색을 당하자 본부 정문에 "우리가 남이가!"라는 플래카드를 붙인 것도 화제가 되었다.

여섯째로 생명의 문제가 정치의 영역에 들어왔다는 것이다. 한국현대사는 좌우익 대립과 수많은 사건 사고를 통해 너무도 많은 사람이 죽었기 때문에 생명 경시의 풍조가 만연해 있었다. 세월호 사건은 어린 학생들이 죽었기 때문이기도 하지만 생명의 소중함을 전 국민에게 각인시켰다. 우익 '애국인사'들은 "너희 목숨만 아깝냐? 과거 무슨무슨 사고로 죽은 사람들도 있는데 왜 너희만 중뿔나게 안타깝다고 난리냐?"며 힐난하기도 했다. 죽음은 늘 있었지만 세월호 사건을 계기로 생명 하나를 보호하는 일이 정치 아젠다로 자리 잡았다고 볼 수 있다.

일곱째로 정치집회에 '자원봉사자'가 대거 출현했다. 이전의 정치집회는 사회단체 중심으로 이루어졌기 때문에 집회에 필요한 물품이나 서비스를 단체들 사이의 협력을 통해 해결하였으나 불특정 다수가 모인 촛불집회에서는 어디선가 자원봉사자들이 대거 나타나 필요한 일들을 빈틈없이 해냈다. 어떤 분들은 집회하러 온 건지 청소하러 온 건지 모를 정도로 열심히 집회현장을 청소하기도 했다. 100만이 넘는 인파가 밤늦게까지 시위를 하고 난 뒤 휴지 한 장 없는 길거리 모습을 보는 것은 정녕 마법이었다. 한국사회의 시민의식은 촛불집회를 통해 급격히 높아졌다고 본다.

여덟째로 집회에 전문공연자와 예술가들이 본격적으로 참여했다. 그뿐만 아니라 일반 참가자들도 집회를 통해 자신의 예술적 재능을 마음껏 발휘했다. 이들로 인해 시위가 지루할 틈이 없었다. 거대한 정치 퍼포먼스 안에 각각의 아이디어로 무장한 개인들이 다양하게 펼치는 작은 행위들은 하나의 무지갯빛 만다라였다. 나는 반핵 시위차 일본에 몇 차례 다녀온 적이 있는데 그곳은 작은 퍼포먼스들이 무한정 펼쳐진 시골장터 같았다. 전체를 아우르는 구심체가 없어 사람들이 여기 기웃 저기 기웃하다가 그냥 가버렸다. 그만큼 정부에 대한 임팩트가 크지 않다는 말이다. 우리의 경우는 전체와 부분이 잘 어우러진 한판의 굿과 같았다. 오죽하면 일본의 사회활동가들이 촛불집회를 배우려고 수백 명씩 무리 지어 광화문을 방문했을까.

아홉째로 공동체 의식의 재발견이다 촛불집회는 희생자와 그 가족들, 그리고 집회에 나온 수백만의 참가자와 집회 소식에 관심이 있는 사람들 모두를 하나의 공동체로 묶어주었다. 2002년 한일월드컵 때 온 국민이 하나가 되어 응원했던 것처럼 세월호 촛불집회도 거의 온 국민이 한 목소리로 애도하고 비판하고 투쟁했다. 공동체 의식은 높은 공감능력과 자발성에서 나온다. 파시즘 치하에서는 내면화된 공포로 인해 공감을 표시하고 싶어도 할 수 없었으나, 장막이 걷히자 좁은 반도에서 함께 부대끼며 키워 온 공동체 의식이 유감없이 발휘되었다. 서구와 달리 우리의 공동체 의식은 전 시대의 유산(공동체 문화)이 일부 작동되었다고 볼 수 있다.

열째로 촛불집회는 지극히 사적인 감정도 정치행위로 이어질 수 있음을 보여주었다. 주로 학생이나 젊은 여성들이 많이 하는데 집회장에 가면 작은 메모지에 자신의 솔직한 감정을 적어 여기저기 걸어놓은 걸 볼 수 있다. 개중에는 매우 감동적인 글도 있어 나는 집회장에 가면 꼭 이런 메모들을 살펴본다. 이와는 조금 성격이 다른 감성 정치도 있다. 탄핵 촛불로 기억한다. 집회와는 전혀 어울릴 것 같지 않은 젊은 아가씨들이 자기들 손으로 써서 만든 작은 피켓을 들고 나돌아다녔는데 거기엔 "아이 C8, 재수 없어!"라고 쓰여 있었다. 어떠한 논리나 이유도 없이 막연한 감성에 근거해 정치적 의사를 표시하는 것은 새로운 현상이다.

이와 같은 세월호 촛불집회의 특성은 그대로 박근혜 탄핵국면까지 이어졌다. 한 가지, 탄핵국면에서 위에 열거한 열 가지를 뛰어넘는 가장 큰 특징을 하나 꼽으라면 SNS의 역할이다. 나는 SNS야말로 촛불혁명을 결정짓는 가장 중요한 요소라고 본다. 아니 어쩌면 우리 사회가 다른 차원으로 넘어가는 도구를 발견한 듯하다. SNS로 인해 전통적 의미의 혁명은 영영 불가능해졌다. 누구도 근거 없는 선동에 넘어가지 않으니까. SNS는 성격상 지극히 개인적이다. 내가 마음만 먹으면 진행 중인 정치 이벤트의 모든 것을 알아낼 수도 있고 아무것도 모를 수도 있다. 다시 말해 개인의 선택과 책임이 절대적이다. SNS로 인해 앞으로의 정치집회는 철저히 개인을 기반으로 전개될 것이다. 물론 개개인이 충분히 의식화되기까지는 단체 또는 그룹의 영향력이 여전히 클 것이다. 나는 2004년에 발표한 「생태공동체와 한국사회운동」이라는 글에서 사회운동의 주체가 시대별로 어떻게 변해왔는지 설파한 적이 있다. 이 글은 아마도 인터넷 공간 어딘가에 떠돌아다닐 것이다. 당시에 나는 SNS의 위력을 전혀 모르는 상태에서 그 글을 썼는데 지금 보니 SNS로 인해 이 경향이 가속화되고 있음을 확인할 수 있다.

부르주아 → 프롤레타리아 → 민중(民衆) → 시민(市民) → 주민(住民) → 각인(覺人)

지금의 한국사회는 시민에서 주민으로 이동하고 있는 단계로 보인다. 물론 각인은 부르주아가 주인공인 시절부터 계속 있었다. SNS는 각인이 사회변화의 주인공으로 자리 잡는 도구가 될 것이다. 내가 촛불혁명의 주체가 시민이라는 주장을 70%만 수긍한다고 한 이유가 여기에 있다. 주민이 주체가 되는 단계부터는 빨갱이 프레임이 전혀 먹혀들지 않는다. 주민이나 각인은 빨갱이나 반공 이데올로기에 관심도 없거니와 외부에서 강제한다고 해서 흔들리지도 않는다. 그때쯤 되면 이미 이데올로기의 시대가 종언을 고했을 것이기 때문에.

촛불혁명의 의미

한국의 촛불혁명은 세계정치사에 있어서 일대 사건이다. 적절한지 모르겠으나 나는 감히 촛불혁명을 1871년 '파리코뮌' 정도의 정치사적 의미가 있다고 생각한다. 파리코뮌은 인류사에 최초로 사회주의 정부의 가능성을 보여준 사건이었지만, 촛불혁명은 기존의 사회질서를 유지한 상태에서 자발적으로 모여든 인민이 평화시위를 통해 정권을 무너트린 최초의 정치적 사건이다. 지금까지 우리가 알고 있었던 혁명은 기존체제의 급격한 변화를 가져오는 과정에서 필연적으로 폭력이 발생했다. 다시 말해 '체제의 급격한 변화'와 '폭력'은 혁명의 기본 조건이었다. 그러나 촛불혁명은 이 두 가지가 없어도 혁명이 가능함을 보여주었다.

먼저 '체제의 급격한 변화가 없는 것이 과연 혁명인가?'라는 의문이 있다. 우리는 이미 그 사례를 알고 있다. 체제의 급격한 변화 없이 서구사회를 근본적으로 변화시킨 '68혁명'이 그것이다. 서구사회는 68혁명을 통해 이전과는 차원이 다른 시민의식을 갖게 되며, 백인 중심의 폭력적 지배체제를 폐기하고 인류애와 자연애에 기초한 '네오 휴머니즘(Neo-Humanism)'을 추구한다. 지난 반세기 동안 서구에서 일어난 거의 모든 '대안사회운동'은 68혁명에서 파생된 것으로 이 혁명은 아직도 진행 중이다. 체제의 급격한 변화가 없었기에 하드웨어의 변화보다 소프트웨어 혁명을 통해 새로운 사회로 나아갔다. 유명한 애플 컴퓨터의 창업자인 스티브 잡스도 68혁명의 세례를 받은 사람이다. 그러나 68혁명은 폭력으로 얼룩져 있다. 기존 체제를 부정하는 과격한 주장과 행동이 난무하다보니 애초부터 평화시위는 기대할 수 없었다.

한국의 촛불혁명이 세계인들에게 보여준 것은 첫째가 '비폭력

행동'이고, 둘째가 '성숙한 시민의식'이며, 셋째가 '생명의 약동'이다. 이 셋은 함께 간다. 스스로 폭력을 행사하지도 않지만 상대가 폭력을 사용하지 않도록 이성적이고 절제된 행동을 하되 각자가 가진 '생명력'을 최대한 발휘한다. 그러자면 높은 시민의식이 필요하다. 나는 촛불혁명을 겪으면서 촛불시민 한 사람 한 사람이 마치 100만 시위 대중과 긴밀히 연결되어 행동하는 것 같은 느낌을 받았다. 100만 개의 점이 네트워크로 연결되어 각자 어떻게 행동해야 할지 스스로 아는 것이다. 이 과정에서 시민들의 의식은 극적으로 고양되고 성숙해진다. 과거 독재시절에는 시민들이 서로 연결되지 못하도록 갖은 감시와 탄압을 다했기에 그에 상응해 시민의식도 형편없었다. 서구의 시민의식은 장장 400년에 걸쳐 형성된 것이라 뒤늦게 근대사회에 편입된 우리는 영원히 서구를 따라잡지 못할 것으로 보았다. 그러나 촛불혁명은 그것이 가능하다는 것을 보여주었다. 양자역학에서 말하는 '퀀텀 점프(Quantum Jump)'가 일어난 것이다. 퀀텀 점프가 일어나려면 두 가지 조건이 필요하다. '네트워킹 (networking)'과 '분산(dispersion, decentralization)'이다. 되도록 널리 골고루 퍼져서 네트워킹되면 의식의 고양이 가속화된다. 우리의 촛불혁명은 이를 극적으로 보여주었으며 이제부터의 과제는 네트워킹과 분산을 생활 속에서 실현하여 새로운 세계를 만들어내는 것이다.

에필로그

　대학생이 되어 참가한 첫 가두시위로 기억한다. 수원시 중심가인 팔달로에서 시위를 하다가 좌판이 즐비한 시장거리 한가운데로 몰렸다. 최루탄 가스로 눈도 제대로 못 뜨는 상황이었다. 시위대 앞은 전투경찰이 진을 치고 있었고 뒤로는 개천이었다. 누가 말했는지 모르겠으나 더 이상 도망가지 말고 그 자리를 사수하자며 모두들 땅바닥에 주저앉았다. 눈물 콧물이 범벅된 얼굴을 잠바자락에 파묻고 앉아 있는데 이상하게 주위가 조용했다. 고개를 들어보니 시위대는 다 어디 가고 나 혼자 덩그러니 앉아 있는 것이었다. 아뿔싸, 뒤늦게 허겁지겁 도망쳤으나 한꺼번에 달겨든 전투경찰에게 붙잡히고 말았다.

　이때 깨달은 것. 운동을 하건 뭘 하건 간에 도중에 주위를 둘러볼 일이다. 산에서 고사리를 딸 때도 정신없이 앞만 보면서 따다보면 절반도 못 딴다. 풀숲에 연두색 젓가락을 꽂아놓은 것 같은 고사리를 위에서 내려다보면 잘 안 보인다. 한번 따고 난 뒤 그 자리에 서서 주위를 찬찬히 둘러보면 방금 지나온 길에도 고사리가 여기저기 널려 있다. 내가 옳다고 생각한 것만 추구하며 정신없이 살다보니 놓친 게 많은 인생을 살았다. 첫 가두시위에서 혼자 덩그러니 시장바닥에 남겨진 것처럼 이 나이 되도록 운동현장의 최전선에 혼자 남아 있는 자신을 종종 발견한다. 그렇다고 무슨 대단한 사명감을 갖고 있는 것도 아닌데 말이다. 그렇게 한 생이 흘러가는 것 같다.

피울음으로 얼룩진 분단시대를 정리하면서 보니까 한 가지 분명하게 뚜렷해지는 말이 있다. '생명'과 '평화'라는 말이다. 극심한 폭력과 반생명의 역사를 헤쳐 나오면서 저절로 절실해지지 않았나 싶다. 나는 일찍이 이 두 단어는 짝으로 묶여야 의미를 가질 수 있다고 주장하여 '생명평화'라는 말을 쓰곤 했다. 처음엔 생명과 평화 사이에 '―'을 넣어 붙였는데, 그렇게 되면 서로 다른 단어를 이어 붙여 새로운 의미를 나타내는 것 같아 나중엔 아예 '―'마저도 빼버렸다. 아무리 들여다보아도 '생명=평화'이고 '평화=생명'이었다. 평화가 없는 생명은 존재 이유가 없고, 생명이 없는 평화는 회칠한 무덤과 같기 때문이다.

한 사회에 자살자가 많다는 것은 그 사회에 평화가 없다는 뜻이다. 존재 이유를 찾지 못하니 차라리 죽는 게 낫다고 생각하는 것이다. 조선조 말에 천주교가 들어왔을 때 1만 명이 넘는 순교자가 발생했는데 나는 그분들이 자기 목숨을 버릴 만큼 신앙심이 강했다고 생각하지 않는다. 평화 없는 세상에서 목숨을 부지하느니 죽어 천당에 가는 게 훨씬 낫다고 생각했을 것이다. 마찬가지로 생명 없는 평화도 결코 살고 싶지 않은 세상이다. 전쟁의 부재가 평화는 아니다. 생명을 옥죄는 모든 억압과 통제, 폭력이 있는 한 평화도 없다. 젊은 시절 온 세계를 회칠한 무덤으로 만들어버린 '팍스 아메리카나(PAX AMERICANA, 미국의 무력에 의해 유지되는 세계 평화)'에 의문을 품고 좌충우돌하다가 빨갱이로 낙인찍혀 마치 비국민처럼 살아온 내 삶에 새로운 생명을 불어넣은 건 촛불혁명이었다. 만약 촛불혁명이 없었다면 나는 대한민국에 대한 미련을 훌훌 털어버리고 이민을 갔을지도 모른다. 촛불혁명은 내게 새로운 세상이 가능하다는 '희망'을 보여주었다. 희망이 있으면 목숨을 부지할 이유가 생긴다.

박근혜 탄핵을 요구하는 촛불시위가 절정에 이른 2016년 겨울 광화문에서의 일이다. 광화문 광장에서 큰집회가 끝나고 막 가두시위가 시작할 무렵이었다. 시위대를 둘러싼 전경 대열이 풀리면서 전경 일부가 시위대와 섞이게 되었다. 내 앞에 앳된 얼굴을 한 전경이 긴장한 채로 시위대의 움직임을 주시하고 있었다. 나는 그에게 천천히 다가갔다. 그러자 그는 자기에게 시비라도 걸려고 오는 줄 알았는지 더욱 긴장된 표정으로 나를 바라보았다. 나는 그에게 다가가 두 팔로 꼬옥 안아주면서 그의 귀에 대고 나지막이 속삭였다.
"젊은이 고생이 많네. 우리는 하나야!"
얼마나 놀랐는지 그 젊은이는 가느랗게 떨고 있었다.

2008년 광우병 시위 때만 해도 이런 행동은 상상할 수 없었다. 나는 광우병 시위의 전 과정을 현장에서 지켜보았다. 초기에는 비교적 평화롭게 시위가 진행되었으나 경찰 측이 폭력시위로 유도하는 바람에 나중에는 아주 쉽게 폭력적 대치국면이 형성되었다. 그럼에도 광우병 사태는 촛불시위를 한층 업그레이드 시켜주었다. 평화로운 촛불시위는 하루아침에 이루어진 게 아니다. 2002년 미군의 장갑차에 깔려 죽은 효순·미선을 추모하는 촛불집회를 시작으로 14년에 걸쳐 진화를 거듭한 끝에 2016년의 촛불혁명이 완성되었다. 이제 다시는 시위현장에서 폭력이나 난동, 쓰레기 등은 나타나지 않을 것이다. 앞으로는 그럴 리 없겠지만 혹시 경찰 측이 폭력시위를 선동하는 프락치를 투입해도 '깨시민'에 의해 바로 저지될 것이다. 그만큼 대한민국의 시민의식은 높아졌다. 1980년 5월 서울역 광장에서 목격한 폭력 행위를 생각하면 실로 혁명적인 변화가 아닐 수 없다. 최루탄과 페퍼포그에 쫓긴 시위대 일부가 염창동 골목으로 들어갔는데 그 안에서 시위대를 정탐하고 있던 경찰차가 발견되었다. 도망가는 길이었으므로 그냥 가면 되었는데 일부가 발걸음을 돌리더니 커다란 돌덩이를 가지고 와서는 경찰차를 부숴버렸다. 그때는 그런 만용을 투쟁의 일부라고 생각하는 사람들이 많았다.

폭력과 증오심으로 상대를 일시적이나마 굴복시킬 수는 있어도 결코 평화를 가져올 수는 없다. 콩 심은 데 콩 나고 팥 심은 데 팥 나는 법. 폭력과 증오는 반드시 폭력과 증오의 악순환을 가져온다. 폭력과 증오로 혁명을 성공시킨다 한들 그렇게 세워진 권력은 폭력의 악순환을 벗어날 수 없다. 그래서 "세상의 평화를 원한다면 내가 먼저 평화가 되자"는 대명제가 성립한다. 시위현장에서 평화의 마음을 유지하기란 쉬운 일이 아니다. 그렇다고 불가능한 일도 아니다. 어쩌면 나는 오랜 세월 '수행하는 마음'으로 시위현장을 찾아다녔는지도 모른다.

그러나 평화주의를 '좋은 게 좋다'는 식으로 해석해서는 안 된다. 생명평화운동가는 모든 생명들(사이)의 평화를 추구하지만 역사적 범죄를 단죄하는 일을 게을리해서는 안 된다. 범죄자를 무조건 용서하면 작은이들의 평화가 보장되지 않는다. 범죄자가 취미로 휘두르는 골프채에도 작은이들은 걸려 넘어진다. 한국의 위인 가운데 김대중 대통령을 좋아하지만 그는 살아생전 뼈아픈 실책을 하나 남겼다. 광주학살의 원흉 전두환을 사면한 것이다. 그로 인해 우리 사회의 적폐청산이 얼마나 늦춰지고 있는가! 그뿐만 아니라 안식을 얻지 못하고 구천을 떠도는 억울한 혼령이 얼마나 많은가! 전두환에 대한 정확한 심판은 사회의 진전과 독재시절 가해자 편에 섰던 사람들과의 화해를 위해서도 꼭 필요한 일이다.

이제 대한민국은 촛불혁명을 통해 파시즘 독재 왕국을 해체하고 새로운 길에 들어섰다. 과거에 있었던 독재 종식은 거사 후에 민주주의만 회복하면 되었다. 그러나 지금은 민주주의 완성과 함께 지구적 차원의 생태위기 극복과 그에 맞춤한 경제구조 개혁까지 해내지 못하면 그동안의 성과가 다 물거품이 되는 시대에 살고 있다. 여기에 우리는 '남북관계 개선'이라는 험난한 과제를 하나 더 안고 있다. 국민들도 이 엄중한 과제들을 함께 헤쳐 나가자는 의미로 지난 4월 총선에서 집권당에게 압도적 힘을 실어주었다.

전에는 서구 선진국의 정치형태가 민주주의 모델로 인식되었지만 코로나 팬데믹으로 인해 그들의 체제가 허점투성이라는 것을 알게 되었다. 또한 날로 심각해지는 기후위기 역시 서구에서 시작된 경쟁적 자본주의로는 해결 가능성이 희박하다는 것도 분명해졌다. 역사의 필연인지 우연인지 알 수 없지만 이 중차대한 시점에 코로나 사태를 잘 막아내고 있는 대한민국이 세계의 주목을 받고 있다. 단지 전염병을 잘 막아서가 아니라 인류가 직면하고 있는 위기를 저 신기한 나라가 과연 어떻게 극복할지 주시하고 있다. 한국은 '국난 극복이 취미인 나라'라는 우스갯소리가 있다. 그만큼 위기상황에서 국민이 똘똘 뭉쳐 잘 헤쳐 나간다는 말인데, 사실 지금의 상황은 국난이 아니라 인류문명의 위기나 다름이 없어 단순히 잘 '대처'하는 것만으로는 어림도 없다. 문명에 대한 근본적인 성찰과 함께 삶의 양식(life style) 자체가 바뀌지 않으면 해결하기 힘든 상황이다.

촛불혁명은 반공 프레임에 갇혀 있던 한국사회를 다른 차원으로 이동시켜주었지만 사실 혁명은 이제부터이다. 핵발전소의 설계수명이 끝나면 폐로 작업에 들어가야 하는데 그 기간이 한 30년 걸린다. 그 사이에 대체 에너지를 개발하고 발전소 해체기술도 확보해야 한다. 핵에너지를 대체할 에너지가 없다고 말하는 사람들은 '대체'의 의미를 물리적 양으로 생각한다. 인간의 압도적 존재 자체가 지구환경의 파괴를 불러왔기 때문에 이제는 '축소'가 대체의 의미를 갖는다. 그러자면 부풀려진 욕망 또는 탐욕을 제어하는 것이 혁명의 가장 중요한 내용이 된다. 촛불혁명이 의식혁명으로 이어져야 할 이유이다.

다시 백척간두에 서서
ⓒ 황대권, 2020

발행일 2020년 6월 20일
지은이 황대권
펴낸곳 도서출판 쇠뜨기
출판등록 2019년 2월 1일(제2019-000001호)
주소 전라남도 영광군 대마면 동삼로8길 269
전화 010 4376 9614
전자우편 hwangdk5@gmail.com

값 12,000원

*잘못 만들어진 책은 바꾸어 드립니다.